AF598943

EL CORTO CAMINO
HACIA LA ILUMINACIÓN

EDITORIAL CÁNTICO
COLECCIÓN · LUZ DE ORIENTE
COLECCIÓN DIRIGIDA POR RAÚL ALONSO

cantico.es · @canticoed

Suscríbete a nuestro blog en

Publicado originalmente en inglés en EEUU. por Larson Publications
4936 NYS Route 414
Burdett, New York 14818 USA

Editorial Cántico
Parque Logístico de Córdoba
Carretera de Palma del Río, km. 4
14005 Córdoba
Imagen de cubierta: *Shiva-Gauri, West Bengal, Calcutta,*
grabado policromado de dominio público (1878-1883),
conservado en el Museo Metropolitano de Arte de Nueva York

ISBN: 978-84-10288-49-2
Depósito legal: CO 1917-2024

Impresión y encuadernación:
Gráficas La Paz

PAUL BRUNTON

EL CORTO CAMINO HACIA LA ILUMINACIÓN

SEGUNDA EDICIÓN AMPLIADA

COMPILACIÓN DE
MARK SCORELLE Y JEFF COX

EDITORIAL CÁNTICO

COLECCIÓN LUZ DE ORIENTE

SOBRE EL AUTOR

Paul Brunton (1898-1981) nació en el centro cultural de Londres, y su sensibilidad introspectiva y mística pronto le condujo hacia Oriente, primero a la India y Egipto, y después por todo el mundo para explorar las tradiciones espirituales y reunirse con los grandes maestros de su tiempo. Mezclando su propia búsqueda interior con enseñanzas antiguas y contemporáneas, PB, como le gustaba que le llamaran, desarrolló una filosofía que se adapta a la vida en el siglo xxi, que expresa la mayor sabiduría y amor disponibles para la humanidad: la Sabiduría de la Mente Pura y el Amor de nuestro propio Ser. Se le conoce sobre todo por ser uno de los primeros divulgadores del espiritualismo neohindú en el esoterismo occidental, especialmente a través de su bestseller *La India secreta* (1934), que ha sido traducido a más de 20 idiomas. Brunton era partidario de una doctrina de «mentalismo», o mentalismo oriental, cuyo núcleo conceptual expone en *La enseñanza oculta más allá del yoga* (1941, nueva ed. 2015 en North Atlantic Books), *La sabiduría del superyó* (1943, nueva ed. 2015 en North Atlantic Books) y en la publicación póstuma de sus agendas en 16 volúmenes (Larson Publications, 1984).

PREFACIO A LA SEGUNDA EDICIÓN

ENTRE la amplia variedad de técnicas espirituales en las tradiciones místicas del mundo, se pueden encontrar los hilos de un enfoque muy simple –pero poderoso– hacia el despertar espiritual. Este método es conocido de diversas maneras como el Camino Directo, el No-dualismo, Mahamudra, Dzogchen, Advaita y otros nombres, dependiendo de la tradición espiritual específica en la que esté arraigado. Paul Brunton se refiere a él como el Camino Corto y utiliza el término *Yo Superior* para la Realidad que somos.

En Occidente, hay un interés creciente en las enseñanzas del Camino Corto. La direccionalidad del camino, su señalamiento hacia lo Real que siempre está y ya está aquí, la ausencia de jerga innecesaria, y su consonancia con los descubrimientos de la física avanzada y otras ciencias, ayudan a que sea particularmente relevante para nuestro tiempo.

Muchos maestros contemporáneos trazan su linaje al gran sabio indio Ramana Maharshi. De hecho, fue Paul Brunton quien introdujo por primera vez a Ramana en Occidente a través de su exitoso libro *La India Secreta*, publicado en la década de 1930.

Los muchos libros de Brunton no solo describen el Camino Corto, sino que lo colocan en el contexto de toda la gama del esfuerzo espiritual, incluyendo el importante desarrollo en el Camino Largo de la razón y la ética, la purificación de las emociones, la concentración, y así sucesivamente. Su visión extraordinariamente amplia y erudita ayuda a orientar a los buscadores espirituales, para que puedan discernir cómo el Camino Corto se complementa con las prácticas místicas con las que podrían estar familiarizados.

Durante los años posteriores a la publicación original en 2014 de *El Corto Camino hacia la Iluminación* reconocimos la necesidad de incluir otros escritos sobre el método y la filosofía del Camino Corto, que son elementos clave importantes para la realización que ofrece. Estos temas incluyen: el poder de la gracia y la rendición, la apertura del corazón al Yo Superior mientras se aspira a practicar el Camino Corto, y la necesidad de encarnar una actitud alegre mientras se practica esta vía.

¡Que este libro sea la chispa que encienda el fuego del despertar inmediato!

Bendiciones en su camino espiritual.

Paul Brunton Philosophic Foundation
www.paulbrunton.org
www.pbarchives.org
www.paulbrunton.com.br/es
YouTube: PaulBruntonOfficial

INTRODUCCIÓN

POR MARK SCORELLE

CUANDO PIENSO EN EL PASADO, puedo ver que la semilla de este proyecto se plantó al conocer a Paul Brunton en 1977. El aura de paz, claridad y vacío que lo rodeaba me dio una pista tangible del objetivo de esta búsqueda espiritual.

Después de su muerte en 1981, se publicaron *Los tonruntons*[1] en dieciséis volúmenes; en ellos leí con interés el material avanzado de contemplación sobre el camino corto o directo. Fue con gran placer que retomé mis inquietudes sobre la iluminación, la autorrealización y las enseñanzas no duales en esos libros.

También encontré mil doscientas páginas de notas de Brunton sobre las enseñanzas de V. Subrahmanya Iyer; de ese material surgió un pequeño volumen titulado *Advaita: La Verdad de la No-Dualidad*. Más tarde, mi interés se volvió hacia los exponentes modernos de las enseñanzas de la iluminación: Eckhart Tolle, Gangaji, Adyashanti, y muchos otros. Comencé una lista de correo electrónico (Wisdom-l@yahoogroups.com) para promover la

1 *Las agendas de Paul Brunton* constituyen la mayor parte de las obras póstumas de PB. PB creó veintiocho categorías para sus escritos filosóficos. Tras su fallecimiento, estos escritos fueron editados por equipos de estudiantes de filosofía bajo la dirección de dos estudiantes formados por PB. Fueron publicados por la Fundación Filosófica Paul Brunton y Larson Publications en dieciséis volúmenes a lo largo de un período de ocho años. El primer volumen de las dieciséis *Agendas de Paul Brunton* se titula: *Perspectivas*. Puede consultar la versión original inglesa en la edición digital disponible en www.paulbrunton.org/notebooks/

conciencia y discusión de los paralelismos entre las enseñanzas de Brunton y la avalancha de material que ha surgido en los últimos veinte años.

Este pequeño libro consiste en una selección de párrafos escritos por Brunton, muchos de los cuales fueron publicados en esa lista de correo durante los últimos quince años. (Cada párrafo va seguido de una nota al pie con la referencia numérica a la categoría de *Los cuadernos* de la cual fue tomado.) Espero que disfruten de estas joyas y que su lectura les resulte tan esclarecedora como a mí.

Hoy en día, es notable la cantidad de personas que tienen algún tipo de profundo *insight* de la Realidad. Esto se debe en parte a la disponibilidad de enseñanzas que estuvieron enterradas durante siglos en los ashrams de la India y en los templos de Tíbet, Japón y el sudeste asiático. Brunton jugó un papel importante en la investigación, exploración y presentación de estas enseñanzas a la audiencia espiritual occidental en el siglo XX. Y todavía tiene mucho que ofrecer: sus comprensiones racionales, sensatas, pero profundas y complejas a lo largo del camino son invaluables y advierten sobre errores y malentendidos que podrían desviar al buscador. Por esto le agradecemos y ofrecemos este libro como una pequeña muestra de gratitud.

Se dice –y creo que hay algo de verdad en ello– que el 50 % del logro del camino hacia la iluminación es simplemente descubrir que es una posibilidad real. Y no requiere necesariamente innumerables encarnaciones dedicadas al servicio, la purificación y las prácticas, como dicen algunas de las tradiciones antiguas. La realización está prácticamente aquí y ahora; un simple reconocimiento, un breve momento de gracia, podría hacerla realidad. Tal vez este momento te llegue al leer estas páginas.

Un agradecimiento especial a Jeff Cox y Sam Cohen por añadir párrafos adicionales y por ayudar a organizar los párrafos en capítulos temáticos.

Marzo 2012

UNA NOTA AL LECTOR

Lo más precioso que alguien puede encontrar no puede ser dado a otros. El espíritu es incomunicable e intangible. Pero las palabras que lo expresan pueden serles entregadas.[2]

PAUL BRUNTON era muy consciente de que la repetición resultaba tediosa para la mente occidental. Pero cuando se trataba de impartir comprensión espiritual, consideraba que la mente oriental era más sabia. Los maestros de las grandes verdades a lo largo del mundo antiguo la encontraban invaluable. "...los principios más importantes de la filosofía superior son extremadamente sutiles en el plano intelectual, tan sutiles que no se hacen evidentes al primer contacto con ellos, y extremadamente difíciles de realizar. Sin embargo, el contacto repetido con ellos actúa como una especie de meditación indirecta y elimina su extrañeza, los vuelve comprensibles y hace que, poco a poco, se hundan en la conciencia emocional."[3]

Por lo tanto, para permitir a los lectores dar vida interior a los significados sutiles de sus palabras y profundizar su comprensión más fácilmente, Paul Brunton utiliza una presentación que es peculiar para la mente occidental. Expone sus pensamientos en notas cortas. En una primera lectura, uno capta la idea, pero quizás solo a un nivel elemental. Los párrafos posteriores, aunque algo repetitivos, provienen de una perspectiva ligeramente

2 *Agendas,* 12-4-110.

3 *Agendas,* 8-5-114.

diferente, moviendo la atención de los lectores alrededor de una idea semilla de manera circular. Los párrafos interactúan, iluminándose entre sí. Cada párrafo puede ser utilizado de manera contemplativa, sirviendo para profundizar la conciencia, despertar la intuición de los lectores y acercarlos a su precioso espíritu interior.

Cada selección en *El Corto Camino hacia la Iluminación* termina con su referencia en *Las agendas de Paul Brunton*. La categoría de origen, el capítulo y el número de párrafo se indican para cada selección, para facilitar un estudio más profundo de los temas[4]. Cabe señalar que los editores, no Paul Brunton, determinaron la secuencia del material en este libro.

Términos creados por Paul Brunton como *Yo Superior* o *Mente-del-Mundo*, y algunos términos extranjeros, pueden no ser familiares para el lector. Se proporciona un glosario al final del libro. Cada término se explica utilizando citas de *Los cuadernos*.

Paul Brunton escribió a mediados del siglo XX, cuando la convención literaria era usar "él" en lugar de "él o ella", pero ciertamente tenía la intención de que estas enseñanzas fueran para todos los que se sintieran atraídos a estudiarlas. En esta traducción hemos intentado utilizar términos neutros en cuanto al género siempre que ha sido posible. Además, cuando se hace referencia a un término técnico creado por PB (como "insight" o "ultimate") hemos conservado su terminología y estilo de expresión. En algunos casos, esto puede dar lugar a una frase que no sea técnica o gramaticalmente correcta, pero en estos casos hemos decidido que es más importante preservar la intención del autor.

---

4 Ver www.paulbrunton.org/notebooks/

DOS COSAS deben aprenderse en esta búsqueda. La primera es el arte de aquietar la mente, de vaciar la conciencia de todo pensamiento y forma. Esto es misticismo o Yoga. El ascenso del discípulo no debe detenerse en la contemplación de nada que tenga forma o historia, nombre o habitación, por muy útil que haya sido anteriormente para el ascenso mismo. Solo en el misterioso vacío del Espíritu Puro, en la Mente indiferenciada, yace su última meta como místico. La segunda es comprender la naturaleza esencial del ego y del universo y obtener la percepción directa de que ambos no son más que una serie de ideas que se desarrollan dentro de nuestras mentes. Esta es la metafísica de la Verdad. La combinación de estas dos actividades trae la realización de su verdadero Ser como el siempre hermoso y eternamente benéfico Yo Superior. Esto es filosofía.[5]

5 *Agendas,* 20-4-134.

LAS 28 CATEGORÍAS

La Búsqueda
Prácticas para la Búsqueda
Relajación y Retiro
Meditación
El Cuerpo
Las Emociones y la Ética
El Intelecto
El Ego
Del Nacimiento al Renacimiento
La Sanación del Yo
Los Negativos
Reflexiones
La Experiencia Humana
Las Artes en la Cultura
El Oriente
Los Sensitivos
El Impulso Religioso
La Vida Reverencial
El Reinado de la Relatividad
¿Qué es Filosofía?
El Mentalismo
La Inspiración y el Yo Superior
Contemplación Avanzada
La Paz Dentro de Ti
La Mente-del-Mundo en la Mente Individual
La Idea-del-Mundo
La Mente-del-Mundo
El Solo

CAPÍTULO I

¿QUÉ ES EL CAMINO CORTO?

El Camino Corto ofrece la manera más rápida hacia las bendiciones de la alegría espiritual, la verdad y la fortaleza. Puesto que estas cosas están presentes en el Yo Superior, y dado que el Yo Superior está presente en todos nosotros, cada uno puede reclamarlas como suyas mediante la declaración directa de su verdadera identidad. Este simple acto requiere que demos la vuelta, abandonemos la dependencia del yo personal, y busquemos la Fuente original de donde fluye nuestra verdadera vida y ser, nuestra verdadera providencia y felicidad. Ignorando todas las ideas contrarias que el mundo exterior nos impone, desdeñando las emociones y deseos del ego respecto a ellas, el buscador "ora sin cesar" a esa Fuente. Es decir, se mantiene concentrado en ella internamente hasta que pueda sentir sus cualidades liberadoras y expandirse en sus gloriosas luces.[6]

¿Cuál es la clave del Camino Corto? Es triple. Primero, deja de buscar al Yo Superior, ya que te sigue dondequiera que vayas. Segundo, cree en su Presencia, junto a ti y dentro de ti. Tercero, sigue intentando comprender su verdad hasta que puedas abandonar más pensamientos al respecto. No puedes

---

6 *Agendas,* 23-1-60.

adquirir lo que ya está aquí. Así que abandona la idea falsa del ego y afirma la verdadera.[7]

La otra parte de la respuesta es que el Yo Superior siempre está presente como el yo más íntimo y verdadero del ser humano. No tiene principio ni fin en el tiempo. Su conciencia no tiene por qué desarrollarse como algo nuevo. Pero la conciencia que la persona tiene de ello comienza con el tiempo y tiene que desarrollarse como un nuevo logro. La presencia constante del Yo Superior significa que cualquiera puede alcanzarlo aquí y ahora. No existe ninguna necesidad interior de viajar a ningún lugar ni de encontrarse físicamente con alguien o de esperar años para que esto suceda. Cualquiera, por ejemplo, que preste atención cuidadosa y sincera a este planteamiento, tal vez pueda conseguir, repentina y fácilmente, la primera etapa del *insight*, el relámpago que permite un vislumbre de la realidad, en cualquier momento. Mediante ese vislumbre, se habrá elevado a una nueva dimensión del ser. La dificultad consistirá en retener la nueva percepción, pues los antiguos hábitos de pensamientos erróneos se reafirmarán rápidamente y lo abrumarán lo suficiente como para relegarlos a un segundo plano. Por eso es necesaria la introspección repetida, el estudio reflexivo y la meditación mística para debilitar esos hábitos y generar la fuerza interior que pueda sostener firmemente la perspectiva superior contra estos intrusos agresivos de su propio pasado.[8]

El Yo Superior no es una meta que alcanzar, sino la realización de lo que ya es. Es posesión inalienable de todos los seres conscientes y no de unos pocos. No se necesita ningún esfuerzo para alcanzar el Yo Superior, pero sí se necesita todo el esfuerzo para

---

7 *Agendas*, 23-1-92.

8 *Agendas*, 22-3-24.

deshacerse de los muchos impedimentos a su reconocimiento. No podemos apoderarnos de él; él se apodera de nosotros. Por lo tanto, la última etapa de esta búsqueda no requiere esfuerzo. Somos conducidos, como niños de la mano, hacia la presencia resplandeciente. Nuestros cansados esfuerzos llegan a un abrupto final. Nuestros labios se cierran y se quedan sin palabras.[9]

"Estad quietos y sabed que yo soy Dios", es la clave del enigma de la verdad, pues resume todo el Camino Corto. La paradoja es la revelación final, pues esto es "no hacer". Más bien es "dejar ser", una no-interferencia de tu voluntad egoísta, un silenciamiento de toda la agitación y esfuerzo mental.[10]

¡El Camino Corto es el verdadero camino! Todo lo demás es mera preparación del equipamiento para ello. Porque con él, la persona ya no debe dirigir su meditación a los defectos y conflictos del yo personal, sino hacia el Yo Superior, su presencia y su fuerza, porque la conciencia de lo Real, lo Verdadero, lo Benéfico y lo Pacífico viene solo por su Gracia y por esta práctica atrae su visita.[11]

El Camino Corto utiliza: a) *reflexión*: estudio metafísico de la Naturaleza de la Realidad; b) práctica: recuerdo constante de la Realidad, durante la vida cotidiana en el mundo; c) meditación: rendirse al pensamiento de la Realidad en la quietud. Notarás que en estas tres actividades *no hay referencia al ego personal*. No hay que pensar, recordar o meditar sobre uno mismo, como sucede con el Camino Largo.[12]

---

9 *Agendas,* 22-3-9.

10 *Agendas,* 23-5-202.

11 *Agendas,* 23-1-102.

12 *Agendas,* 23-1-98.

Esta noción de que debemos esperar y esperar mientras progresamos lentamente de la esclavitud a la liberación, de la ignorancia al conocimiento, de las limitaciones presentes a una futura unión con lo Divino, solo es cierta si permitimos que así sea. Pero no es necesario. Podemos cambiar nuestra identificación del ego al Yo Superior en nuestro pensamiento habitual, en nuestras reacciones y actitudes diarias, en nuestra respuesta a los acontecimientos y al mundo. Nuestra forma de pensar nos ha llevado a este estado insatisfactorio; pero podemos revertir nuestra forma de pensar para salir de ese estado. Al recordar incesantemente lo que realmente somos, aquí y ahora en este mismo momento, nos liberamos. ¿Por qué esperar lo que ya es?[13]

La idea de que tenemos que esperar a que el Yo Superior nos libere del ego y nos ilumine, para evolucionar a través de mucho tiempo y muchas reencarnaciones, es correcta solo si continuamos hipnotizados por ella; pero falsa, si nos basamos en la realidad en lugar de en la apariencia: ahora somos tan divinos como siempre lo seremos, pero debemos despertar de la ilusión y ver esta verdad.[14]

Lo que los practicantes de Zen japoneses llaman "El Camino Repentino" y los Sabios Tibetanos "El Camino Corto" son muy similares en puntos importantes. Ambos prescriben que el trabajo se haga con una actitud alegre. Ambos enseñan que la meta es también el medio. Ambos afirman ofrecer un vuelo en cohete hacia la Realidad.[15]

---

13 *Agendas,* 23-1-1.

14 *Agendas,* 23-1-25.

15 *Agendas,* 23-5-120.

En el Camino Largo, uno se identifica con el ego personal, aunque sea la parte superior del ego, mientras que en el Camino Corto uno es solo el observador del ego. Esto se muestra claramente en sus actitudes. "¿Qué tengo que ver con mi pasado personal?" Se pregunta en el segundo camino. "Eso pertenece a un yo muerto, que ahora es rechazado y con el que me niego a identificarme".[16]

En las primeras etapas de la iluminación, el aspirante se siente abrumado por el descubrimiento de que Dios está dentro de sí mismo. Remueve sus sentimientos más intensos y despierta sus pensamientos más profundos. Pero, aunque él no lo sabe, esos mismos sentimientos y pensamientos todavía forman parte de su ego, aunque en la parte más alta. De modo que todavía separa su ser en dos secciones: el yo y el Yo Superior. Solamente en las últimas etapas, descubre que Dios no solo está dentro de sí mismo, sino que es él mismo.[17]

El reconocimiento es una característica destacada del Camino Corto. El Yo Superior está siempre presente, pero solo aquellos que siguen el Camino Corto reconocen esta verdad y piensan en concordancia con ella. El mundo está siempre con nosotros, pero solo aquellos que siguen el Camino Corto reconocen el milagro que es. En momentos de exaltación, elevación, asombro o satisfacción –derivados de la música, el arte, la poesía, el paisaje o cualquier otra cosa–, miles de personas han recibido un vislumbre; pero solo aquellos que transitan por el Camino Corto lo *reconocen* por lo que realmente es.[18]

16 *Agendas,* 23-5-81.

17 *Agendas,* 23-7-300.

18 *Agendas,* 23-1-114.

Así que el Camino Corto ha comenzado. Hace que la vida, de modo considerable, se pueda disfrutar más, porque se supone que se debe dar un giro de 180 grados, dejando atrás el pasado, mirando primero el lado brillante, el lado soleado de tu vida espiritual. Muy a menudo, se te da un vislumbre que te inicia en el Camino Corto, y se te muestra lo que debes hacer. Obtienes nuevos ejercicios, o ningún ejercicio en absoluto. Ves cosas que antes no veías, cuando solo veías el lado sombrío. Los ejercicios pueden ser elegidos por el buscador o por el gurú. Cada uno debe encontrar los suyos, pero todos son brillantes, alegres, constructivos.[19]

Se trata de transferir la atención del ego durante este breve período, y fijarla amorosamente en el Yo Superior. Porque mientras el pensamiento habita en el ego y solamente en él, se mantiene prisionero, retenido por las limitaciones del pequeño yo, confinado en el estrecho círculo de asuntos personales, intereses, problemas. La salida es esta transferencia de atención. Pero el cambio necesita una fuerza motriz, un empuje. Esto proviene del amor y la fe combinados – amor, aspiración, anhelo por el Yo Superior, y fe en su eterna presencia siempre viva en nuestro interior.[20]

Uno debe mantener el pensamiento de la meta misma continuamente ante sí, dando a la conciencia mental, como su ocupación principal, la meditación en el Yo Superior. Esta es la base del trabajo del Camino Corto y por eso, antes de tener esperanzas de éxito, debe haberse propuesto primero la tarea del Camino Largo de adquirir algún control sobre sus pensamientos.[21]

---

19 *Agendas*, 23-5-56.

20 *Agendas*, 4-2-287.

21 *Agendas*, 23-4-20.

Debido a que el Camino Corto es un intento de retirarse de la sombra del ego y quedarse bajo la luz del sol del Yo Superior, debe ir acompañado del cultivo deliberado de una actitud alegre. Y debido a que es, en gran medida, un alejamiento de las disciplinas del Camino Largo también debe ir acompañado de un sentido de libertad. Por lo tanto, su expresión facial física adecuada es la sonrisa radiante. Su devoto debe buscar la belleza y tratar de alcanzar la armonía en todo momento: en la Naturaleza, en el arte, en el mundo y en sí mismo.[22]

La mayoría de las personas que comienzan el Camino Corto han tenido, por lo general, un vislumbre del Yo Superior, porque de lo contrario les resulta demasiado difícil entender de qué se trata el Camino Corto. El Camino Largo, a través de sus estudios y prácticas, es el período de preparación para la búsqueda avanzada. Se llama *Camino Largo* porque hay mucho trabajo por hacer en él y mucho desarrollo del carácter y las emociones, por el que hay que pasar. Después de cierto grado de esta preparación, los aspirantes entran en el Camino Corto para completar este trabajo. Esto lleva un tiempo comparativamente mucho más corto y, como tiene la posibilidad de lograr la auto-iluminación completa en cualquier momento, termina de repente. Lo que las personas están tratando de hacer en el Camino Largo continúa por sí solo una vez que ellas ingresan plenamente en el Camino Corto. En el Camino Largo se ocupan del ego personal y, como resultado, prestan atención a los pensamientos negativos. En el Camino Corto se niegan a aceptar estos pensamientos negativos y en su lugar miran hacia el Yo Superior. De este modo, las luchas desaparecerán. Este cambio de actitud se llama "anular" los negativos. En el momento en que tales ideas y sentimientos negativos aparecen, en lugar de usar el método del Camino Largo de

22 *Agendas,* 23-6-55.

concentrarse en el tipo opuesto de pensamiento, como la calma en lugar de la ira, el modo del Camino Corto simplemente deja caer la idea negativa en el Vacío, en la Nada, y la olvida. Ahora bien, un cambio así solo puede lograrse haciéndolo rápida y firmemente y volviéndose hacia el Yo Superior. La constante remembranza del Yo Superior debe hacerse durante todo el recorrido del Camino Corto. El Camino Largo trabaja sobre el ego; pero el Camino Corto utiliza el resultado de ese trabajo, que los preparó para entrar en comunión con el Yo Superior y volverse receptivos a su presencia, que incluye su gracia. Para comprender el Camino Corto, podría ser útil compararlo con el Camino Largo, que consiste en una serie de ejercicios y esfuerzos que gradualmente desarrollan la concentración, el carácter y el conocimiento. Pero el Camino Largo no conduce a la meta. En el Camino Largo a menudo se mide el propio progreso. Es un camino sin fin, porque siempre habrá nuevas circunstancias que traerán nuevas tentaciones y pruebas y confrontarán al aspirante con nuevos desafíos. No importa cuán espiritual se vuelva el ego, no entra en la luz más blanca, sino que permanece en la luz grisácea. En el Camino Largo debes lidiar con los impulsos de interferencia que surgen del yo inferior y la negatividad que proviene del entorno. Pero los esfuerzos en el Camino Largo finalmente invocarán la gracia, que abre la perspectiva del Camino Corto.

El Camino Corto no es un ejercicio, sino un punto de vista interior a invocar, un estado de conciencia donde uno se acerca o encuentra la paz en el Yo Superior. Sin embargo, hay dos ejercicios que pueden ser de ayuda para llegar al Camino Corto, pero tienen un carácter bastante diferente al de los ejercicios en el Camino Largo. El Camino Corto lleva menos tiempo porque el aspirante se da la vuelta y enfrenta la meta directamente. El Camino Corto significa que uno empieza a tratar de recordar cómo vivir en la atmósfera enrarecida del Yo Superior en lugar de preocuparte por el ego y medir su desarrollo espiritual. La persona aprende a confiar más y más en el Poder Superior. En el Camino Corto se ignora la negatividad y se da un giro de 180 grados, del ego al Yo Superior. Las visitas del Yo Superior se anuncian a través del sentimiento devocional, pero también a través del pensamiento y la acción intuitiva. A menudo, los dos caminos pueden recorrerse simultáneamente, pero no necesariamente de manera equitativa.

A menudo, el aspirante no está listo para comenzar estos dos ejercicios hasta después de uno o varios vislumbres del Yo Superior.

El "ejercicio de remembranza" consiste en tratar de recordar el vislumbre del Yo Superior, no solo durante los períodos de meditación establecidos, sino también en cada momento durante toda la jornada de trabajo del día, de la misma forma en que una madre que ha perdido a su hijo no puede dejar de pensar en él, sin importar lo que esté haciendo exteriormente, o como un amante que constantemente mantiene la imagen vívida de su amada en el fondo de su mente. De manera similar, mantenga viva la memoria del Yo Superior durante este ejercicio y déjela brillar en el fondo mientras realiza su trabajo diario. Pero no debe perderse el espíritu del ejercicio. No debe ser mecánico y frío. Más tarde, puede llegar el momento en que la remembranza cesará como un ejercicio consciente y deliberadamente voluntario y pase por sí mismo a un estado que se mantendrá sin la ayuda de la voluntad del ego.

La remembranza es una preparación necesaria para el segundo ejercicio, en el que tratas de obtener una identificación inmediata con el Yo Superior. Así como un actor se identifica con el papel que desempeña en el escenario, actúas, *piensas* y vives durante la vida diaria "como si" *fueras* el Yo Superior. Este ejercicio no es meramente intelectual, sino que también incluye el sentimiento y la acción intuitiva. Es un acto de imaginación creativa en el que, al volverte directamente a representar el papel del Yo Superior, haces posible que su gracia entre más y más en tu vida.[23]

Una vez que tomamos conciencia de esta verdad, las vendas de nuestros ojos caen. Renunciamos a nuestra esclavitud a la creencia errónea en la limitación. Nos negamos a albergar este falso pensamiento de que hay alguna condición elevada que debe alcanzarse en un futuro lejano. Estamos decididos a que el Yo se reconozca a sí mismo *ahora*. ¿Qué debemos esperar? Apilemos todos nuestros pensamientos sobre la Realidad y sostengámoslos allí como con un clavo; no nos eludirán, y los pensamientos se disolverán y desvanecerán en el aire, dejándonos solo s con la belleza y la sublimidad del Ser.[24]

En este momento aquí y ahora, dejando atrás el pasado y el futuro, buscando la conciencia pura en sí misma, y no las identificaciones con las que se mezcla y de las que eventualmente tiene que liberarse; en este momento uno puede afirmar su verdadero ser y constatar su verdadera iluminación sin referirla a alguna fecha futura.[25]

Se objeta: ¿para qué buscar si uno realmente es el Yo Superior? Sí, llega un momento en que la búsqueda deliberada e intencional del Yo Superior tiene que ser abandonada por esta razón. Paradójicamente, se abandona muchas veces, cada vez que tiene un Vislumbre, porque en tales momentos sabe que siempre fue, es y será lo Real, que no hay nada nuevo que ganar o buscar. ¿Quién debería buscar qué? Pero el hecho es que las tendencias pasadas del pensamiento resurgen después de cada Vislumbre y dominan la mente, haciéndola perder esta percepción y poniéndola de

23 *Agendas,* 23-5-2.

24 *Agendas,* 23-5-204.

25 *Agendas,* 24-3-256.

nuevo en la búsqueda. Mientras esto suceda, debe continuar la búsqueda, con esta diferencia, que ya no busca a ciegas, como en los días anteriores, creyendo que es un ego tratando de transformarse en el Yo Superior, tratando de alcanzar un nuevo logro en el tiempo a través de etapas evolutivas. ¡No! A través de la comprensión del Camino Corto, busca conscientemente, sin desear otra experiencia ya que tanto desear como experimentar lo alejan del Ser esencial. Piensa y actúa como si fuera ese Ser, lo que lo regresa a Él. Es una liberación del pensamiento limitado por el tiempo, una realización de un hecho atemporal.[26]

A medida que la persona avanza en la idea de desapegarse de los resultados y las posesiones, inevitablemente tendrá que avanzar en la idea de estar desapegada de la preocupación por su propio desarrollo espiritual. Si ha de renunciar al ego, también tendrá que renunciar a sus intentos de mejorarlo. Esto se aplica tanto a su carácter como a sus ideas.[27]

Una cosa sobre el Camino Corto que debe quedar firmemente grabada en la mente del estudiante es que su éxito depende de cuánto amor le ponga a su meta. Si alguna vez ha tenido un Vislumbre momentáneo del Yo Superior, y se ha enamorado más profundamente de él que de cualquier otra cosa, podrá cumplir el requisito básico para todas las técnicas de Camino Corto: pero sin tal devoción ilimitada es seguro que fracasará.[28]

Cuando una persona pide conscientemente la unión con el Yo Superior, acepta inconscientemente la condición que la acompaña, que es entregarse por completo al Yo Superior. Por lo tanto,

---

26 *Agendas,* 23-6-110.

27 *Agendas,* 24-3-200.

28 *Agendas,* 23-1-90.

no debería quejarse cuando, mientras anhelaba vivir feliz para siempre con un objeto deseado, ese objeto es de repente retirado de él y su deseo frustrado. Ha sido tomado en su palabra. Porque otro amor se interponía entre él y el Yo Superior, la obstrucción tenía que ser eliminada para que la unión se perfeccionara; tuvo que sacrificar el uno para poseer el otro. El grado de su apego al amor menor se mostró por la medida de su sufrimiento al serle quitado; pero si acepta este sufrimiento como un educador y no se resiente por ello, le conducirá hacia la verdadera alegría.[29]

El punto central de esta búsqueda es la apertura interior del corazón del ego al Yo Superior.[30]

San Juan de la Cruz dio el siguiente consejo: "Entra en tu corazón y trabaja en la presencia de Dios que está siempre presente allí para ayudarte. *Fija tu atención amorosa en Él sin deseo de sentir o escuchar nada de Dios.*" ¿Podría pedírsele a un principiante que aplique tales palabras? Es probable que solo una persona en un estado bien avanzado responda a ellas. O bien, aquellos que han sido informados sobre el Camino Corto y han estudiado su naturaleza y han tratado de integrarlo en su trabajo interior –ya sean principiantes o expertos– también pueden ponerlos en práctica.[31]

Mientras se da toda la atención al Yo Superior, o a su recuerdo, o a sus varios aspectos, o a la idea de él, uno se olvida de sí mismo. Esto hace posible trascender el ego. Y es por esto que el Camino Corto *debe* ser recorrido si el trabajo preparatorio del otro Camino ha de completarse.[32]

---

29 *Agendas,* 18-4-138.

30 *Agendas,* 1-1-3.

31 *Agendas,* 23-1-66.

32 *Agendas,* 23-4-2.

El individuo que piensa en sí mismo en lugar de pensar en el Yo Superior cuando practica un ejercicio del Camino Corto, que no es capaz de olvidar su pequeño ego, es un traidor a ese Camino.[33]

Esta es la maravilla del Camino Corto: que nos enseña a rechazar de inmediato cada pensamiento que intenta identificarnos con el yo débil e indigno. Esta es la alegría del Camino Corto: que nos urge a aceptar y mantener solo aquellos pensamientos que nos identifican directamente con el fuerte y divino Yo Superior, o que reflejan su bondad y sabiduría.[34]

Si a cada ataque de fuerza adversa, a cada tentación que ponga a prueba una debilidad, se la enfrenta instantáneamente con la actitud del Camino Corto, habrá una posibilidad infinitamente mayor de superarla. El secreto es recordar el Yo Superior, entregarle la batalla a Él. Entonces, lo que no se puede conquistar por sí mismo, será fácilmente conquistado *para* uno por el poder superior.[35]

En el Camino Corto, en lugar de atacar al yo inferior, se eleva hasta la presencia del Yo más elevado. El mal en él puede entonces disolverse por sí solo .[36]

El Camino Corto brinda la oportunidad de empezar de nuevo, de obtener nueva inspiración, más alegría.[37]

---

33 *Agendas,* 23-2-48.

34 *Agendas,* 23-1-143.

35 *Agendas,* 6-1-68.

36 *Agendas,* 23-1-132.

37 *Agendas,* 23-1-180.

Este es el concepto que gobierna el Camino Corto: que el individuo está en la Quietud del Ser Central todo el tiempo, lo sepa o no, que nunca se ha ido de allí y no puede nunca irse. Y esto es así, incluso en una vida transcurrida en fracaso y desesperación.[38]

Cuanto más practica identificarse con el Ahora atemporal (no con el "ahora" pasajero), más trabaja por la verdadera libertad de las pasiones que lo acosan y los apegos que lo arrastran. Este es el Camino Corto, quizás más heroico, pero al final mucho más agradable que el Camino Largo.[39]

¿Por qué debería el Camino Corto ser un mejor medio para obtener la Gracia que el Largo? No solo por la razón de que no se ocupa del ego, sino también porque mantiene continuamente el recuerdo del Yo Superior. Lo hace con un corazón que da y está abierto a recibir amor. Piensa en el Yo Superior a lo largo del día. Así, no solo se acerca a la fuente desde la cual la Gracia está siendo perpetuamente radiada, sino que también, invita repetidamente a la Gracia con cada recuerdo amoroso.[40]

Es posible caer en la creencia errónea de que debido a que nos hemos liberado de los deberes y las labores del Camino Largo, no tenemos mucho más que hacer que entregarnos a sueños vanos y a un optimismo perezoso. No: se han asumido nuevos deberes y otras labores, aunque sean de otro tipo. Hay que aprender el verdadero significado de "orar sin cesar" así como practicarlo. Hay que meditar veinte veces al día, aunque cada sesión no durará más de uno o dos minutos. Hay que recordase a sí mismo, a la divinidad esencial, cien veces al día. Todo esto

---

38 *Agendas,* 23-1-8.

39 *Agendas,* 23-5-217.

40 *Agendas,* 23-6-149.

exige un trabajo incesante y un esfuerzo decidido para el ejercicio de energía y celo.[41]

Las actitudes de reverencia, incluso de admiración, devoción, y adoración, no deben ser eliminadas solo porque se esté practicando el Camino Corto. El Camino Corto sigue siendo una técnica a pesar de incorporar la premisa de la no-dualidad.[42]

La mayoría de las enseñanzas del Camino Corto carecen de una cosmogonía. Evaden el hecho de que Dios está, y debe estar, presente en el plano de manifestación y expresándose a través de todo el universo. ¿Por qué?[43]

El Camino Corto es, en esencia, la práctica incesante de recordar permanecer en la Quietud, porque esto es lo que realmente es en su ser más íntimo y donde se encuentra con la Mente-del-Mundo.[44]

Dios está en tu propio ser. Conocerlo como algo separado o lejano en el tiempo y la distancia o como un objeto fuera de ti, separado de ti, eso no es el Camino: imposible. Jesús te reveló el secreto: Él está dentro de ti.[45]

Si el Yo real debe haber estado presente y haber sido testigo de nuestro disfrute pacífico del sueño profundo –de lo contrario, no habríamos sabido que habíamos tenido tal disfrute– del mismo modo, debe haber estado presente y haber sido testigo de

41 *Agendas,* 23-6-206.

42 *Agendas,* 23-1-117.

43 *Agendas,* 23-2-19.

44 *Agendas,* 23-1-97.

45 *Agendas,* 25-1-50.

nuestras imaginaciones divagantes en un sueño lleno de sueños y de nuestras actividades físicas cuando estamos despiertos. Esto lleva a una conclusión tremenda pero ineludible. Estamos tan cerca de, o tan inmersos en, el Yo real, el Yo Superior, en cada momento de cada día como lo estaremos siempre. Lo único que necesitamos es tomar conciencia de ello.[46]

Aferrarse a un gurú, a un avatar, a una religión, a un credo, es ver solo las estrellas. Poner la fe en el Ser Infinito y en su presencia dentro del corazón es ver el vasto cielo vacío en sí mismo. Las estrellas vendrán y se irán, se desintegrarán y desaparecerán, pero el cielo permanece.[47]

Cuando se juntan todos los pensamientos de un individuo, este total constituye su ego. Al entregarlos a la Quietud, renuncia a su ego, se niega a sí mismo, según la frase de Jesús.[48]

Un devoto del Camino Corto debe poseer una fe ilimitada en el poder del Yo Superior para ayudarlo: es decir, fe tanto en la existencia como en la eficacia de su Gracia.[49]

El individuo debe invocar un nuevo poder, y un poder superior: la Gracia. Él necesita su ayuda. Porque el ego no renunciará voluntariamente a su soberanía, por mucho que pueda estar preocupado con cuestiones espirituales e, incluso, por el crecimiento espiritual.[50]

---

46 *Agendas,* 22-3-25.

47 *Agendas,* 28-2-104.

48 *Agendas,* 8-4-200.

49 *Agendas,* 23-1-121.

50 *Agendas,* 23-4-59.

No por la propia voluntad de su ego puede apoderarse de esta joya, sino solo por la Gracia que reemplaza esa otra Conciencia por la de su ego.[51]

La contribución única del Camino Corto es que aprovecha la oferta siempre presente de Gracia del Yo Superior.[52]

No depende del poder del hombre obtener más que un Vislumbre de esta vida divina. Si se va a establecer firme y duraderamente en ella, entonces es absolutamente necesario una descendencia de la Gracia. Los métodos artificiales nunca lograrán esto. Los ritos y sacrificios y las representaciones mágicas, rompecabezas con koans Zen o estudiar los libros más recientes, nunca lo lograrán.[53]

El aspirante espiritual promedio es excesivamente egocéntrico. Esto se debe a que está tan preocupado con su propio desarrollo, su propia autocorrección y sus propias necesidades espirituales que tiende a olvidar una verdad de vital importancia. Esta es que la última batalla que se librará en la Búsqueda –la batalla que pone al ego final y completamente bajo el control del Yo Superior– se refleja, en menor medida, en las batallas anteriores de la Búsqueda. Esta batalla no puede ser ganada por el aspirante mismo por la muy buena y suficiente razón de que el ego no está dispuesto a suicidarse, o para decirlo de otra manera, es incapaz de elevarse a un plano de no-existencia. La victoria final solo puede llegar mediante el otorgamiento de la Gracia del Yo Superior, que es lo único que puede efectuar este aparente milagro. Para atraer esta Gracia, el buscador necesita alejarse

---

51 *Agendas,* 23-4-93.

52 *Agendas,* 23-1-134.

53 *Agendas,* 18-5-100.

de su egocentrismo y dedicarse a lo que es su absoluto opuesto: el Yo Superior. Debe pensar solo en lo Divino, en la infinitud y eternidad del Poder Superior, y olvidarse completamente, por un tiempo, de todo su crecimiento personal.[54]

Cuanto más se acerca al Yo Superior, más activamente puede operar la Gracia sobre uno. La razón de esto radica en la naturaleza misma de la Gracia, ya que no es otra cosa que una fuerza benigna que emana del Yo Superior. Siempre está allí, pero el dominio de la naturaleza animal y del ego le impide entrar en su conciencia. Cuando este dominio se rompe lo suficiente, la Gracia entra en acción y cada vez con más frecuencia, tanto a través de los Vislumbres como de otras maneras.[55]

Cuando uno desplaza el centro de su interés del ego a la Quietud, su vida empieza a manejarse sola. Los acontecimientos relacionados con ella suceden sin que uno haga nada en absoluto.[56]

Cuando se trabaja con el Camino Corto el hombre descubre que puede aplicar sus principios a su existencia mundana, a sus posesiones terrenales también. Aprende que la fuente última de su bienestar físico no es el ego sino el Yo Superior. Si mira solo al pequeño ego para su provisión, debe aceptar todas sus limitaciones estrechas, su dependencia únicamente del esfuerzo personal. Pero si mira más allá y reconoce que su verdadera fuente de bienestar está con el Yo Superior, con su Gracia obradora de milagros, sabe que todas las cosas son posibles para él. La esperanza, el

54 *Agendas,* 23-4-70.

55 *Agendas,* 18-5-101.

56 *Agendas,* 23-1-150.

optimismo y las altas expectativas enriquecen su vida, la hacen más abundante.[57]

El Camino Corto hace posibles los milagros porque conduce a través de la puerta del Ahora sin tiempo, sin futuro, sin pasado.[58]

La aspiración, que no es solo un deseo vago y ocasional, sino un anhelo constante, intenso y establecido por el Yo Superior, es un requisito primordial. Tal aspiración significa el hambre por la conciencia del Yo Superior, la sed por la experiencia del Yo Superior, el llamado para la unión con el Yo Superior. Es un verdadero poder que nos eleva, que nos ayuda a abandonar al ego más rápidamente, y que atrae la Gracia. Tendrá estos efectos deseables en proporción a la intensidad con que se sienta y cuán libre esté de otros deseos personales.[59]

Si no estás obteniendo ningún resultado, ningún cambio en la situación externa, es porque no estás *practicando*. Eres dependiente del pequeño y débil ego. Cultiva la idea incesantemente de que el Yo Superior *provee* y ponte en dependencia de su poder superior. Pero no intentes esto antes de haber estudiado apropiadamente las lecciones de tus circunstancias actuales.[60]

Si está dispuesto a buscarlas, encontrará las obras ocultas del ego en los rincones más insospechados, incluso en medio de sus más elevadas aspiraciones espirituales. El ego no está dispuesto a morir e, incluso, acogerá con agrado esta gran reducción de su alcance si esa es la única manera de escapar de la muerte. Puesto

57 *Agendas,* 23-1-146.

58 *Agendas,* 23-1-164.

59 *Agendas,* 18-1-53.

60 *Agendas,* 23-4-169.

que es necesariamente el agente activo en estos intentos de auto-superación, estará en la mejor posición para asegurarse de que terminen como una aparente victoria sobre sí mismo, pero no es una victoria real. Esta última solo se puede lograr confrontándolo directamente y, bajo la inspiración de la Gracia, aniquilarlo directamente; esto es muy diferente de confrontar y extinguir cualquiera de sus variadas expresiones de debilidades y faltas. No son en absoluto lo mismo. Son las ramas, pero el ego es la raíz. Por lo tanto, cuando el aspirante se cansa de esta interminable batalla del Camino Largo con su naturaleza inferior, que puede ser conquistada en un aspecto solo para aparecer en otro nuevo, se cansa de los autoengaños en los logros imaginados mucho más agradables del Camino Corto, estará listo para probar el último y único recurso. Aquí, por fin, llega al ego mismo entregándolo completamente por completo, en lugar de preocuparse por sus numerosos disfraces que pueden ser feos, como la envidia, o atractivos, como la virtud.[61]

La naturaleza no puede ser apresurada. El capullo de una flor se abre a su debido tiempo. Si el Camino Corto produce resultados inmediatos o rápidos para algunos aspirantes, es solo porque son personas de desarrollo superior. Ya han cumplido su aprendizaje en el Camino Largo, ya sea en esta vida o en vidas anteriores.[62]

Piensa más profundamente de lo que la masa convencional de seguidores de gurús se atreve a hacerlo y llegarás a percibir que, al final, solo hay un Instructor para cada hombre, su propio Yo Superior; que todos los demás gurús externos son meros canales que Él utiliza. "Es Él quien vive dentro y habla a través de la voz

61 *Agendas,* 8-4-164.

62 *Agendas,* 23-4-9.

del gurú externo", declara un texto tibetano. ¿Por qué no ir directamente a la fuente?[63]

El individuo del Camino Corto no debe depender de autoridades, escrituras, reglas, regulaciones, organizaciones, gurús o escritos. Puede que su historia pasada le obligue exteriormente a hacer tal asociación, pero interiormente buscará liberarse de ella. Porque su objetivo final es llegar a un punto en el que ningún intérprete, médium o transmisor se interponga entre él y el Yo Superior.[64]

El Yo Superior toma sus pensamientos sobre uno, por limitados y remotos que sean, y los guía cada vez más cerca de su propio nivel elevado. Tal pensamiento iluminado no es el mismo que el pensamiento común. Su altura cualitativa y profundidad mística son inmensamente superiores. Pero cuando sus pensamientos no pueden ir más allá, la Gracia del Yo Superior los toca y los silencia. En ese momento uno *sabe*.[65]

El Camino Corto ofrece un desarrollo más rápido de la conciencia intuitiva. No está tan sujeto a la limitación del tiempo como el Camino Largo. El Camino Corto busca identificar al hombre *ahora* con su yo más elevado.[66]

¿Por qué crear frustraciones innecesarias mediante una actitud demasiado entusiasta y exagerando la actividad espiritual? Estás en las manos del Yo Superior incluso ahora y si la aspiración fundamental está presente, tu desarrollo continuará sin que

63 *Agendas,* 1-6-821.

64 *Agendas,* 23-1-83.

65 *Agendas,* 4-4-18.

66 *Agendas,* 23-5-76.

tengas que estar ansioso por ello. Deja ir la carga. No te conviertas en una víctima de demasiadas sugestiones obtenidas al leer demasiada literatura espiritual creando una concepción artificial de iluminación, así como la lectura excesiva de literatura médica por parte de un laico puede hacerlo víctima de tendencias hipocondríacas. No se conforme con la espiritualidad autoconsciente que proviene del crecimiento forzado y ascetismos duros y antinaturales, ni tampoco con observar egocéntricamente el progreso personal. Esta es una espiritualidad mejor y más verdadera, que es natural, tan natural como despertar del sueño; que no es forzada, porque no es el resultado de seguir técnicas y practicar ejercicios; que es inadvertida, va creciendo y floreciendo como lo hace la flor; que es atraída por la belleza, la calidez y la paz del Yo Superior.[67]

El período de esfuerzo activo ha terminado; ahora le sigue el período de espera pasiva. Sin ningún acto de su parte y sin ningún movimiento mental propio, la Gracia le lleva a la siguiente etapa superior y le coloca milagrosamente allí, donde por tanto tiempo y tanto ha deseado estar. Observe bien la ausencia de esfuerzo propio en esta etapa, cómo toda la tarea se le quita de las manos.[68]

En sus fases avanzadas, el Camino Corto no es un camino en absoluto. Tiene toda la libertad del aire y el mar.[69]

67 *Agendas,* 23-5-232.

68 *Agendas,* 23-7-242.

69 *Agendas,* 23-1-110.

CAPÍTULO II

EL CAMINO LARGO

EL CAMINO LARGO COMO PREPARACIÓN

AQUEL QUE EMPRENDE esta búsqueda tendrá mucho que hacer, pues tendrá que trabajar en las debilidades de su carácter, pensar de manera imparcial, meditar regularmente y aspirar constantemente. Sobre todo, deberá entrenarse en la disciplina de la entrega del ego.[70]

Si la Gracia del Yo Superior ha de apoderarse del individuo, ninguna parte de su ego debe ofrecer resistencia. Por eso se necesita una preparación para el acontecimiento, un proceso de eliminación de todas aquellas cosas que con seguridad instigarían tal resistencia. En otras palabras, la actividad del Camino Largo es necesaria para recorrer con éxito el Camino Corto.[71]

Sería maravilloso si todos, en todas partes, pudieran tan fácilmente entrar en el reino de los cielos, y permanecer allí para siempre con la misma facilidad. ¡Pero, a! Los hechos de la naturaleza humana lo prohíben. Las personas requieren enseñanza, entrenamiento, purificación, disciplina y preparación antes de

70 *Perspectivas* 2-16. *Perspectivas* es el primer volumen de los dieciséis *Agendas de Paul* Brunton.

71 *Agendas,* 23-4-21.

poder hacerlo. Y el transcurso que se necesita es el de toda una vida, el trabajo necesario es mucho y variado. Por eso es necesario el Camino Largo.[72]

La "purificación" que se debe buscar a través del Camino Largo no es del tipo estrecha, limitada e intolerante que con demasiada frecuencia es llamada con ese nombre. No se trata en absoluto de una mera negación estricta del instinto sexual. Es una limpieza de la conciencia, de su vida mental, de su vida emocional e incluso de su condición corporal. Su objetivo es preparar su conciencia para que pueda recibir la verdad sin desviarla, distorsionarla o bloquearla. Inevitablemente, el trabajo más importante y siempre el más difícil en esta línea será la eliminación de la tiranía del ego.[73]

Cada pensamiento negativo y deseo inferior es un obstáculo para la realización de la conciencia superior. Por eso es necesario el trabajo del Camino Largo, pues su propósito es eliminar todos esos obstáculos. ¿Cómo se puede invitar a esa Conciencia a residir en un cuerpo esclavizado por las lujurias, o en una mente oscurecida por odios?[74]

Confesar los pecados de conducta y los defectos de carácter como parte de la práctica devocional regular posee un valor psicológico muy distinto de cualquier otro que se le pueda atribuir. Desarrolla la humildad, expone el autoengaño y aumenta el autoconocimiento. Disminuye la vanidad cada vez que obliga al penitente a afrontar sus faltas. Abre un camino primero para la misericordia y, en última instancia, para la Gracia del Yo más elevado.[75]

---

72 *Agendas,* 23-4-1.

73 *Agendas,* 23-4-26.

74 *Agendas,* 23-4-36.

75 *Agendas,* 18-3-72.

Aunque la posibilidad de este descubrimiento y conciencia del Yo Superior y el establecimiento en él ha estado siempre presente en cada individuo en todo momento, la probabilidad no ha estado. Porque el individuo tiene que desarrollar el aparejo para madurar desde el animal *a través* de la experiencia acumulada por el ser humano hasta este establecimiento completo en plena unión con su ser más elevado. El salvaje puede tener el Vislumbre, y lo tiene, pero esto es solo un comienzo, no un final. La enseñanza preferida por los metafísicos indios, de que venimos de Dios y regresaremos a Dios, es una simplificación excesiva que, generalmente, conduce a malentendidos. Entonces, toda esta larga peregrinación, con todos sus sufrimientos, se convierte en una pérdida de tiempo sin sentido y un gasto insensato de energía: si no de nuestra parte, entonces por parte de Dios. Es como darse cabezazos contra una pared para disfrutar del alivio que sigue cuando la acción termina. Por la falta de una cosmogonía, los defensores de esta enseñanza se ven obligados a justificar el sentido de todo este vasto universo como sin propósito, usando el término *maya*, uno de cuyos dos significados es "misterio". El Ser Infinito, cuya Conciencia y Poder están detrás del universo de la historia, no puede tener historia alguna, pues está más allá del tiempo, la evolución, el cambio, el desarrollo; no puede tener un propósito que sea lucrativo para sí mismo; no puede ser objeto del pensamiento humano correctamente porque trasciende totalmente las limitaciones de tal pensamiento. Pero todo esto no quiere decir que la actividad de la Mente-del-Mundo carezca de sentido, de Idea y sea infructuosa. El caso es todo lo contrario.[76]

Los estudiantes que han llegado finalmente a la filosofía a partir del *Advaita Vedanta* indio, llevan consigo la creencia de que

76 *Agendas,* 26-4-258.

el alma divina, habiendo perdido de algún modo su conciencia, ahora está buscando volverse consciente de sí misma de nuevo. Suponen que el ego se origina y termina en el mismo nivel –la divinidad– y por lo tanto, a menudo se pregunta por qué debería emprender un viaje tan largo e innecesario. Esta pregunta está mal concebida. No es el ego mismo lo que alguna vez fue conscientemente divino, sino su fuente, el Yo Superior. El carácter divino del ego yace en su ser esencial pero oculto, pero nunca lo ha sabido. El propósito de acumular experiencia (el proceso evolutivo) es precisamente llevarlo a tal conciencia. El ego viene a nacer lentamente en la conciencia finita a partir de la inconsciencia absoluta y, posteriormente, al reconocimiento y unión con su fuente infinita. Esa fuente, de la cual ha emanado, permanece intacta, no afectada, siempre sabiendo y testificando serenamente. El propósito de esta evolución es el propio avance del ego. Cuando se alcanza la Búsqueda, el Yo Superior revela su presencia de manera intermitente y fragmentaria al principio, pero luego el juego de jugar a las escondidas termina en una unión amorosa.[77]

Lo más probable es que casi todo el mundo eligiera un camino que evadiera toda la larga disciplina del pensamiento y el sentimiento, toda la severa reforma de los hábitos corporales y, sin embargo, lo llevara rápidamente a la meta y le proporcionara todas sus gloriosas recompensas. Esta elección es perdonable y aparentemente sensata. Pero la observación y la experiencia, el estudio y la investigación, muestran que tal camino solo existe en teoría, no en la realidad; que sus éxitos espectaculares son los casos raros de unos pocos genios; que aquellos que toman este Camino Corto aparentemente fácil, llegan en su mayoría, si es que llegan, a un estado de embriaguez intelectual y pseudo-iluminación; y

77 *Agendas,* 26-4-256.

que cuando su recompensa por esta práctica del Camino Corto es un Vislumbre genuino, creen erróneamente que es el Final del Camino y dejan todo esfuerzo adicional por crecer.[78]

Aquellos que creen en el Camino Corto de la realización repentina, justo como le pasó a Ramana Maharshi y los intelectuales que creen en los rompecabezas koan del Budismo Zen, confunden el primer destello del insight que desestabiliza todo tan gloriosamente con el último destello que asienta todo aún más gloriosamente. El discípulo que quiere algo a cambio de nada, que espera llegar a la meta sin tener que dedicarse a arduos viajes hasta el final, no lo conseguirá. Tiene que pasar de un punto de vista a otro superior, de muchas luchas con las debilidades a dominarlas. Solo entonces, cuando haya hecho por sí mismo lo que debía hacer, podrá cesar en sus esfuerzos, quedarse quieto y esperar el influjo de la Gracia. Luego viene la luz y el segundo nacimiento.[79]

Ese inspirado y excelente pequeño libro, *La Práctica de la Presencia de Dios* del Hermano Lawrence, es un ejemplo de la enseñanza del Camino Corto. El biógrafo contemporáneo de Lawrence escribe: "Él nunca pudo regular su devoción por ciertos métodos como lo hacen algunos. [...] Al principio, había meditado durante algún tiempo, pero luego eso se desvaneció." "Todas las mortificaciones corporales y otros ejercicios son inútiles," pensaba, "si no sirven para llegar a la unión con Dios por el amor." Ahora, está muy bien que el Hermano Lawrence critique las técnicas y diga a los aspirantes que su oración o método era simplemente un sentido de la presencia de Dios. Él mismo no necesitaba nada más que poner atención a lo que ya estaba

78 *Agendas*, 23-2-59.

79 *Agendas*, 23-2-65.

presente y existía en él. Pero, ¿cuántos aspirantes promedio son tan afortunados, ¿cuántos poseen un sentido o sentimiento así ya elaborado? ¿No es la experiencia general que esto es el resultado de un largo trabajo y sacrificio previos, un efecto y no una causa en sí misma?[80]

Muchas fijaciones creadas en el pasado deben ser eliminadas, antes de que podamos vivir verdaderamente en el presente. Este es el trabajo del Camino Largo.[81]

Hasta que uno no entra en el Camino Corto, no se puede decir que la Gracia sea más que parcialmente posible. Hasta que uno no se haya elevado, por sus propios esfuerzos, hasta cierto punto por encima de la animalidad con la que lucha en el Camino Largo y haya alcanzado la calma necesaria para la práctica del Camino Corto, difícilmente habrá ganado la recompensa de la Gracia en su plenitud o frecuencia.[82]

Dado que el Yo Superior ya está dentro de él en toda su sublimidad inmutable, el individuo no tiene que desarrollarlo ni perfeccionarlo. Solo tiene que desarrollar y perfeccionar su ego hasta que se convierta en un espejo pulido, sostenido y reflejando los atributos sagrados del Yo Superior, y mostrando abiertamente las cualidades divinas que hasta ahora habían permanecido ocultas detrás de él.[83]

La persona que carezca de las ocho cualidades que la práctica del Camino Largo eventualmente desarrolla en ella no

80 *Agendas,* 23-2-68.

81 *Agendas,* 23-4-16.

82 *Agendas,* 23-4-38.

83 *Agendas,* 1-5-12.

podrá tener éxito en la práctica del Camino Corto. Estas cualidades son la calma, el autocontrol, el recogimiento oriental, la fortaleza, la fe, el constante recuerdo de sí, el intenso anhelo por el Yo Superior y el discernimiento agudo entre lo transitorio y lo eterno.[84]

A menos uno que ame al Yo Superior con profundo sentimiento y verdadera devoción, es poco probable que haga los esfuerzos necesarios para encontrarlo y las disciplinas necesarias para apartar los obstáculos en el camino hacia él.[85]

¿Qué o quién está buscando la iluminación? No puede ser el Yo más elevado, pues es en sí mismo de la naturaleza de la Luz. Entonces solo queda el ego. ¡Este ego, objeto de tantas acusaciones y denigraciones, es el ser que, transformado, conquistará la verdad y encontrará la Realidad, aunque al final, deba entregarse por completo como el precio a pagar![86]

Otra razón para la necesidad del trabajo preparatorio del Camino Largo es que la mente, los nervios, las emociones y el cuerpo del individuo deben ser gradualmente capacitados para sostener el influjo de la Fuerza Solar o Energía-Espíritu.[87]

EL CAMINO LARGO COMO LIMITACIÓN

Existen ciertos patrones de pensamiento que reflejan la idea de que la realización de este objetivo es casi imposible, y que la preparación y purificación necesarias no podrían estar siquiera

---

84 *Agendas,* 2-5-49.

85 *Agendas,* 18-1-92.

86 *Agendas,* 8-4-435.

87 *Agendas,* 23-4-35.

a medio terminar en toda una vida. Si estos patrones se mantienen durante un largo período de años, le ocasionarán poderosas sugestiones de limitación. Así, la misma instrucción o enseñanza que se supone que debe ayudar a su progreso realmente lo obstaculiza y lo bloquea emocionalmente. Su creencia de que el carácter debe ser mejorado, las debilidades deben ser corregidas y el ego debe ser combatido se convierte en una perspectiva tan predominante que eclipsa la igualmente necesaria verdad de que la Gracia está siempre al alcance y que debe buscar invocarla mediante ciertas prácticas y actitudes.[88]

El individuo en el Camino Largo llega a un punto en el que tiende a excederse en los requisitos o a cumplirlos de manera desequilibrada. Entonces se vuelve demasiado autocrítico, demasiado dominado por la culpa, oscilando entre la indulgencia y el remordimiento. Solo cuando sus esfuerzos parecen ser inútiles y su mente está exhausta, solo cuando se da por vencido por el agotamiento, abandona la tensión que lo causa. Entonces, relajado, liberada la espontaneidad, la puerta se abre por fin para que entre la Gracia. En su luz puede ver que, en cierto sentido, había estado dando vueltas en círculos porque había estado girando dentro de su propio ego.[89]

El Camino Largo, a pesar de sus magníficos ideales de autosuperación y autocontrol, sigue siendo egoísta, pues esta determinación de elevarse espiritualmente está dirigida por la ambición *voluntaria*: la voluntad de la parte superior del ego.[90]

88 *Agendas,* 23-2-109.

89 *Agendas,* 23-4-135.

90 *Agendas,* 23-2-105.

Él [el Camino Largo] se interpone en la puerta y le impide abrirse a la suave presión de la misma Gracia que puede brindarle la ayuda que pide. Lo que realmente necesita es menos preocupación por su propio ego y más por el Yo Superior. Esto es lo mismo que decir que el trabajo del Camino Largo ahora necesita ser equilibrado con el trabajo del Camino Corto.[91]

Los procesos y procedimientos del Camino Largo requieren tiempo. Pero el Yo Superior está fuera del tiempo. Identificarse con ellos es cerrarse al él. Por lo tanto, es necesario cuando se alcanza un cierto punto –ya sea en experiencia, en preparación o en comprensión– abandonar el Camino Largo y tomar el Camino Corto, con su énfasis en vivir en el Eterno Ahora.[92]

El aspirante que frecuentemente mide cuánto ha avanzado, o retrocedido, en este camino, o cuánto tiempo ha permanecido estancado, está buscando algo que ganar para sí mismo, está mirando todo el tiempo hacia sí mismo. Está midiendo el ego en lugar de tratar de trascenderlo por completo. Se está aferrando al yo, en lugar de obedecer el mandato de Jesús de negarlo. Al mirar el ego, inconscientemente está de espaldas al Yo Superior. Si alguna vez ha de iluminarse, debe darse la vuelta, cesar esta autoevaluación sin fin, dejar de preocuparse por los pequeños pasos hacia adelante o hacia atrás, dejar de pensar en su proprio atraso o grandeza, y mirar directamente a la meta misma.[93]

---

91 *Agendas,* 23-4-52.

92 *Agendas,* 23-4-144.

93 *Agendas,* 2-2-45.

El Camino Largo mantiene a la mente en constante *búsqueda*, ya sea de mayor santidad o de mayor verdad. Nunca está quieta, contenta, en paz.[94]

Aunque el ego afirme estar involucrado en una guerra contra sí mismo, podemos estar seguros de que no tiene intención de permitir que se logre una victoria real, sino solo una pseudo-victoria. La simple mente consciente, no es rival para tal astucia. Esta es una de las razones por las que, de tantos buscadores espirituales, tan pocos realmente logran la unión con el Yo Superior, por qué los maestros autoengañados pronto obtienen seguidores, mientras que los verdaderos son dejados en paz, no perturbados por tal afán.[95]

La senda del Camino Largo es un esfuerzo por abstraerlo de las ataduras del apetito físico y la pasión que impiden su pensamiento libre y sentimiento equilibrado. Es un esfuerzo de desenredo. Pero por su propia naturaleza, esto es solo un logro negativo. Debe ser seguido por uno positivo. Y este último debe habilitar al individuo para cumplir el propósito más elevado de la vida, en medio de la humana actividad mundana, al mismo tiempo que le permite mantener la libertad que ha ganado a través de la autodisciplina. En eso radica la superioridad del Camino Corto.[96]

El intento de liberarse a sí mismo por sí mismo debe resultar, al final, en un círculo vicioso, un experimento inútil. El hombre finito no puede traer lo Incondicionado. Éste debe venir por Sí Mismo y llevarlo dentro de Su Gracia. Sin embargo, a menos que

---

94 *Agendas,* 23-2-114.

95 *Agendas,* 8-4-316.

96 *Agendas,* 23-4-40.

se haga el intento, a menos que se recorra el Camino Largo, es poco probable que el aspirante esté suficientemente preparado para tener éxito en el Camino Corto.[97]

Al final, uno llega a reconocer su ineficacia e incapacidad, a admitir que, ciertamente, no puede esperar tener éxito en la búsqueda por sus propios esfuerzos o por sus propias cualidades. Esto puede hacerlo infeliz, pero también le ofrece la oportunidad de hacerse verdaderamente humilde.[98]

Al principio, aprende que él es personalmente responsable de sus pensamientos y acciones, de sus resultados y su destino en sí mismo y fuera de él. Luego, si acepta esta verdad y trabaja en ella en el Camino Largo, es conducido al descubrimiento del Camino Corto y de que él es responsabilidad de Dios.[99]

Debido a que es imposible para el ego que busca convertirse en el Yo Superior, el buscador debe reconocer que él es el Yo Superior y dejar de pensar en términos egoístas de progreso a lo largo de un camino o de logro de una meta.[100]

El camino de ir superando sus defectos uno por uno no solo es demasiado largo, demasiado lento, sino también incompleto y negativo. Se ocupa de lo que no se debe ser y lo que no se debe hacer. Esto es bueno, pero no es suficiente. Pertenece al pequeño ego. Debe añadirle el camino de recordar su yo más elevado. Esto es algo positivo. Más aún, aporta la Gracia que completa el

---

97 *Agendas,* 23-4-17.

98 *Agendas,* 23-4-118.

99 *Agendas,* 23-4-42.

100 *Agendas,* 22-3-26.

trabajo que ya ha comenzado. Lo lleva desde el pasado del ego hasta el Nuevo Eterno del Yo Superior.[101]

La humildad que se necesita debe ser inmensamente más profunda de la que comúnmente se considera como tal. Debe comenzar con el axioma de que el ego lo está engañando sin cesar, extraviándolo, gobernándolo. Debe estar preparado para descubrir que su influencia es tan poderosa en sus intereses espirituales como en los mundanos. Debe darse cuenta de que ha estado yendo de ilusión en ilusión incluso cuando parecía progresar.[102]

El fin de todos sus esfuerzos en el Camino Largo será el descubrimiento de que, aunque el ego puede ser refinado, adelgazado y disciplinado, aún permanecerá altamente rarificado y extremadamente sutil. La disciplina del yo puede continuar y continuar y continuar. No tendrá fin. Pues el ego siempre será capaz de encontrar formas de mantener ocupado al aspirante en la autosuperación, cegándolo así al hecho de que el yo todavía está allí detrás de todas sus mejoras. ¿Por qué debería el ego suicidarse? Sin embargo, la iluminación que es la meta que se esfuerza por alcanzar, nunca puede ser obtenida a menos que el ego deje de bloquear el camino hacia ella. Con este descubrimiento, no tendrá otra alternativa, y estará completamente listo para el Camino Corto.[103]

---

101 *Agendas,* 23-5-173.

102 *Agendas,* 18-3-20.

103 *Agendas,* 23-4-119.

CAPÍTULO III

PASANDO DEL CAMINO LARGO AL CAMINO CORTO

LLEGARÁ EL MOMENTO en que tendrás que dar la espalda al Camino Largo para prestar toda tu atención, toda tu energía y todo tu tiempo al Camino Corto. Porque con esto llega una nueva era en la que la preocupación no es con el ego, no con su mejora o perfeccionamiento, sino solo con lo divino: no con la conciencia superficial y todos sus pequeños cambios, sino con las profundidades más divinas donde reside la realidad. En este punto, busca solo al Yo Superior, vive solo con pensamiento positivo, permanece todo el tiempo que puedas con el santo silencio interior, siente solo esa quietud interior que pertenece a la esencia de la conciencia. De aquí en adelante no tienes que convertirte en esto o aquello, no tienes que acumular las diversas virtudes, sino simplemente ser. Para esto no tienes que esforzarte, no tienes que pensar, no tienes que trabajar con ninguna forma de yoga, con ningún método de meditación.[104]

Cuando el cuerpo y los sentimientos son purificados por regímenes disciplinarios, cuando el intelecto se inspira con ejercicios de meditación, uno está listo para el Camino Corto.[105]

104 *Agendas,* 23-1-76.

105 *Agendas,* 23-1-135.

Cuando haya llegado a esta etapa comenzará a entender que su progreso espiritual ulterior no le impone actos especiales como regímenes disciplinarios y ejercicios de meditación –aunque estos fueran excelentes y necesarios en su lugar como trabajo preparatorio– sino que requiere simplemente apartarse y ser un testigo observador de la vida, incluida su propia vida.[106]

El Camino Largo se enseña a los principiantes y a otros en las etapas iniciales e intermedias de la búsqueda. Esto se debe a que están preparados para la idea de autosuperación y no para la idea superior de la irrealidad del yo. Entonces, esta última se enseña en el Camino Corto, donde la atención se desvía del pequeño yo y de la idea de perfeccionarlo, hacia la esencia, el ser real.[107]

Si uno sigue fijando su atención en luchar contra la característica errante de sus pensamientos, puede encontrar después de muchos intentos que la tarea parece imposible. ¿Por qué es esto? Porque al mismo tiempo se está limitando a prestar atención al ego. Mejor es que se mueva en la dirección opuesta y se dirija al Camino Corto, que los pensamientos se fijen en el Yo Superior, en Su gran quietud, Su serena impersonalidad. El ego no se eliminará ni podrá eliminarse por sí mismo, sino saliendo afuera, hacia AQUELLO que es su origen. Al final, el pensamiento es llevado a rendirse al poder que lo trasciende y lo dominará.[108]

[Los que siguen el Camino Largo] Son demasiado conscientes de su trabajo y progreso en esta búsqueda, su adopción de ella y sus experiencias en ella. Solo cuando dejan este Camino Largo por el Corto, su actitud se vuelve espontánea, no estudiada,

106 *Agendas,* 23-4-140.

107 *Agendas,* 23-4-6.

108 *Agendas,* 23-4-72.

natural, sus sentimientos se liberan de la ambición, la afectación y el egocentrismo. Comienzan a "crecer como crece la flor", como dice Mabel Collins.[109]

Hay dos enfoques diferentes para la tarea; ambos son legítimos, pero uno pertenece al Camino Largo y el otro al Camino Corto. El primero es controlar forzosamente los sentimientos y pensamientos indeseables. El segundo es buscar su fuente en el ego y, al comprenderlo en este nivel profundo, perder interés en ellos y, al alejarse, dejar de continuar alimentándolos.[110]

El camino hacia la meta no reside solo en una purificación del ego: también reside en una deserción de él. El primer camino es necesario solo porque ayuda a hacer posible el segundo.[111]

Si uno pudiera dejar de estar enamorado de su ego y empezar a estar enamorado de su Yo Superior, su progreso sería rápido.[112]

En el Camino Largo, analizamos el pasado y estudiamos el presente para aprender las lecciones básicas de la experiencia del ego. En el Camino Corto descartamos el análisis y prescindimos del estudio; en cambio, contemplamos a Dios en nosotros. Si el primer camino nos trae reflexiones infelices, el segundo nos trae intuiciones alegres.[113]

---

109 *Agendas,* 23-4-75.

110 *Agendas,* 23-4-74.

111 *Agendas,* 23-4-19.

112 *Agendas,* 8-4-157.

113 *Agendas,* 23-5-101.

Aunque los dos Caminos están tan claramente divididos entre sí en teoría, no es raro que se superpongan en la práctica.[114]

Todas las formas de meditación más elementales, religiosas y ocultas, incluidas las utilizadas en el Camino Largo –todas las que conducen a lo que los yoguis hindúes llaman *savikalpa samadhi*– generalmente deben practicarse; pero no se debe permanecer con ellas. La meditación filosófica pura, tal como se busca y se alcanza en última instancia en el Camino Corto, es poner la atención directamente en el Yo Superior y en nada más.[115]

Si investigas esto lo suficientemente profundo y ampliamente, hallarás que la felicidad evita a casi todos los seres humanos a pesar de que la buscan constantemente. Los pocos afortunados y exitosos son aquellos que han dejado de buscar solo con el ego y permiten que la búsqueda sea dirigida interiormente por el yo más elevado. Solo ellos pueden encontrar una felicidad inmaculada sin defectos ni deficiencias, un Bien Supremo que no es una fuente adicional de dolor y tristeza, sino una fuente interminable de satisfacción y paz.[116]

Es un error creer que los hombres pueden separarse permanentemente de la vida humana normal y existir como si fueran fantasmas. Pueden lograr hacerlo por un tiempo, un período, a veces incluso una vida, pero al final las fuerzas bipolares que controlan el desarrollo los atraerán de nuevo. No se desea ni se busca tal separación en el Camino Corto –como ocurre a menudo en el Camino Largo– y aquellos que lo siguen pueden apreciar las posesiones y satisfacciones físicas o culturales. Pero como son

---

114 *Agendas,* 23-5-32.

115 *Agendas,* 23-5-104.

116 *Agendas,* 24-1-74.

espiritualmente maduros, siempre hay un desapego interior detrás de esta apreciación.[117]

Ciertamente es mejor eliminar las faltas y remediar las debilidades que dejarlas tal como están. Pero no es suficiente mejorar, refinar, ennoblecer e incluso espiritualizar el ego. Porque toda esa actividad tiene lugar bajo la ilusión de que el ego posee la realidad. Esta ilusión necesita ser eliminada, no simplemente cambiada por otra.[118]

Para convertirse en su gobernante, puedes luchar contra los deseos. Este es el camino más difícil. O puedes olvidarlos. Este es el camino más fácil. Para seguirlo, debes practicar el recuerdo constante del Yo Superior.[119]

Las virtudes que intentó adquirir en el Camino Largo, y que con demasiada frecuencia intentó en vano, le llegan por sí solas por la Gracia mágica del Camino Corto.[120]

De esta manera, uno hace poco para liberarse de una debilidad, un deseo o una pasión. Se va, se cae por sí solo, si mira al Yo más elevado en lugar de dedicarse a la gestión de su propio ego para la salvación. De esta forma espontánea, también es la actitud de desapego que comienza a aparecer en el carácter y poco a poco –aunque a veces rápidamente– se establece. Pero aquí es necesaria una advertencia. No es necesario abandonar ninguna purificación o fortalecimiento; ningún otro intento ni entrenamiento de autosuperación que se hayan comenzado precisan ser

117 *Agendas,* 23-5-57.

118 *Agendas,* 23-2-119.

119 *Agendas,* 23-4-100.

120 *Agendas,* 23-1-161.

abandonados, siempre y cuando se mantengan en su lugar y no se les permita oscurecer la visión de la meta principal, o desvíe gradualmente la dirección de su nivel superior.[121]

Si el Camino Largo crea desesperación acerca de uno mismo, acerca de la frustración de las propias esperanzas espirituales, el Camino Corto crea alegría por la estrecha relación que uno establece con el Yo Superior y el sentimiento de su aceptación de uno.[122]

Es solo en el Camino Largo que una persona busca tan desesperadamente la verdad y el insight. Toda esa ambición febril se desvanece en el Camino Corto, donde aprende a mantenerse en paz y con paciencia.[123]

El pesimismo solo puede aparecer en el Camino Largo, pues debe desaparecer en el Camino Corto. Aquí el énfasis está en los valores positivos; las declaraciones son afirmativas. El Camino Corto inculca la alegría y aboga por el contentamiento.[124]

Es el ego personal el que opera la voluntad y trata de lograr el resultado. Esto es muy apropiado y pertinente en la práctica del Camino Largo. Pero cuando se desvía la atención de él hacia el Camino Corto, ya no es la voluntad sino el poder superior al que se debe buscar para lograr el resultado.[125]

---

121 *Agendas,* 23-1-168.

122 *Agendas,* 23-5-111.

123 *Agendas,* 23-5-96.

124 *Agendas,* 23-5-79.

125 *Agendas,* 23-5-113.

Si el Camino Largo comienza y termina con el ego, el Camino Corto comienza con un giro de 180 grados, abriendo una perspectiva del Yo Superior infinito.[126]

Si el Camino Largo equipa a uno con la fuerza, la pureza y la concentración necesarias, el Camino Corto hace uso de este equipo para unir su conciencia directamente con el Yo Superior.[127]

Si el Camino Largo busca la salvación, principalmente a través de la construcción del carácter y la concentración del pensamiento, el Camino Corto la busca principalmente a través de la meditación reverente directamente en el Yo Superior.[128]

En el Camino Largo, las acciones siguen, o intentan –aunque mal– seguir las reglas. Son acciones imitativas. Pero en el Camino Corto, uno se convierte en un individuo, viviendo de adentro hacia afuera.[129]

En el Camino Largo, el individuo está preocupado por las técnicas que debe practicar y las disciplinas que debe seguir. En el Camino Corto, está preocupado por el Yo Superior, con el estudio de su significado, el recuerdo de su presencia y la reflexión sobre su naturaleza y atributos.[130]

El devoto del Camino Largo trabaja a partir de sistemas, reglas, planes y técnicas establecidas por sus guías, pero el devoto

---

126 *Agendas,* 23-1-35.

127 *Agendas,* 23-4-11.

128 *Agendas,* 23-5-19.

129 *Agendas,* 23-5-93.

130 *Agendas,* 23-5-6.

del Camino Corto no tiene un camino trazado para él. Él está siempre "esperando en el Señor".[131]

El Camino Largo lleva al yo a una conciencia creciente de su propia fuerza, mientras que el Camino Corto lo lleva a una conciencia creciente de su propia irrealidad. Esta etapa superior conduce inevitablemente a un cambio radical, donde las energías se dirigen hacia la identificación con la Mente Infinita Única. Cuanto más se hace esto, más fluye la Gracia por reacción hacia el Yo.[132]

¿Qué es la Gracia? Es un descenso del Yo Superior a la zona de conciencia del yo inferior. Es una visita del poder tan inesperada e impredecible como bienvenida y gratificante. Es una mano invisible que se extiende desde la oscuridad del mundo en medio de la cual andamos a tientas con pies vacilantes. Es la voz del Yo Superior que habla repentinamente desde el silencio cósmico que nos rodea. Es como un glorioso arco iris de esperanza que aparece de repente cuando todo parece perdido.

Más precisamente, la Gracia es una energía mística, un principio activo perteneciente al Yo Superior, que puede producir resultados en los campos del pensamiento humano, el sentimiento y el cuerpo físico del ser humano, por un lado, tanto como en el karma, las circunstancias y las relaciones humanas por el otro. Es la voluntad cósmica, no meramente un deseo piadoso o un pensamiento bondadoso, y puede realizar auténticos milagros bajo sus propias leyes desconocidas. Tal es su potencia dinámica que puede conferir una visión de la realidad última, tan fácilmente como puede devolverle la vida a una persona

---

131 *Agendas,* 23-5-72.

132 *Agendas,* 23-5-61.

moribunda o restaurar instantáneamente el uso de las extremidades a una persona lisiada.[133]

Se ha dicho que el Camino Corto es absolutamente necesario, porque el ego en el Camino Largo no puede, mediante todos sus propios esfuerzos, alcanzar la iluminación. La individualidad superior debe entrar en acción, y esa entrada en escena se llama Gracia. Esto no significa una intervención arbitraria, favoreciendo a una persona y rechazando a otra. Viene por sí misma cuando se han preparado las condiciones adecuadas para ello, mediante la apertura o la entrega del yo, mediante el giro de todo el ser hacia su fuente. Esta apertura, entrega o pasividad hacia lo Otro no se logra solo aquietando los pensamientos. La mente está abierta entonces, pero debe estar abierta a lo más alto, dirigida hacia lo más alto, aspirando a lo más alto. De lo contrario, solo hay una mera pasividad del médium o del contemplativo, sin la presencia divina.[134]

La misma Gracia que nos inicia en la Búsqueda nos lleva hasta su final. La fase del Camino Corto comienza cuando despertamos a la presencia de la fuente de la Gracia.[135]

En el Camino Largo buscamos la verdad, la realidad, el Yo Superior. Es decir, usamos las fuerzas y facultades del ego. En el Camino Corto, permanecemos quietos y dejamos que la Verdad, la Realidad, la Gracia del Yo Superior nos busquen en su lugar. Entonces, el ego ya no está en la escena.[136]

---

133 *La Sabiduría del Yo Superior*, p. 207 (referencia a la edición inglesa).

134 *Agendas,* 18-5-201.

135 *Agendas,* 23-4-80.

136 *Agendas,* 23-5-78.

El trabajo del Camino Largo es detestar y eliminar los pecados del ego; el del Camino Corto, es amar y recibir la Gracia del Yo Superior.[137]

El Camino Largo está salpicado de desalientos. Solo aquellos que han tratado de cambiarse a sí mismos, de remodelar sus caracteres, de negar sus debilidades, saben lo que es llorar de insatisfacción por sus fracasos. Por eso también se necesita el Camino Corto del recuerdo de Dios. Porque con este segundo camino para cumplir y completar el primero, la Gracia puede entrar en la batalla en cualquier momento, y con ella la victoria pondrá fin repentinamente a las luchas de muchos años; el perdón borrará repentinamente sus errores.[138]

El Camino Largo exige un esfuerzo continuo de la voluntad, el Corto una atención amorosa continua.[139]

El individuo que entra en el Camino Largo está buscando con demasiada frecuencia compensación por la decepción, mientras que el individuo que entra en el Camino Corto, por lo general, suele sentirse atraído por la alegría de la realización en el Yo Superior.[140]

El Camino Largo desarrolló en él, a través de la meditación yoga, la capacidad de encontrar la Quietud interior. El Camino Corto le añadió: 1) el conocimiento de que la Quietud es él mismo; y 2) la práctica del recuerdo continuo de *ser* la Quietud.[141]

---

137 *Agendas,* 23-5-114.

138 *Agendas,* 23-5-170.

139 *Agendas,* 23-5-88.

140 *Agendas,* 23-5-83.

141 *Agendas,* 23-4-8.

El Camino Largo está organizado en etapas progresivas, mientras que el Camino Corto no; este último apunta a la iluminación directa, inmediata y final.[142]

El Camino Largo se dedica a eliminar las obstrucciones de la naturaleza del hombre y a atacar los errores de su carácter. El Camino Corto está dedicado a las afirmaciones, al poder de Dios como esencia y en manifestación. Es místico. Muestra cómo el individuo puede entrar en una relación armoniosa con el Yo Superior y la Idea-del-Mundo. El primer camino muestra a los buscadores cómo pensar correctamente; el segundo da poder a esos pensamientos.[143]

El practicante del Camino Largo considera la iluminación como algo que debe alcanzarse en el futuro cuando se hayan cumplido todos los requisitos plenamente, mientras que el devoto del Camino Corto la considera alcanzable aquí y ahora.[144]

El Camino Largo se practica más fácilmente mientras se está involucrado en el mundo; el Camino Corto, mientras se está en retirada de él. Las experiencias que le traen las vicisitudes de la vida mundana también lo desarrollan, siempre que sea un Buscador. Pero los elevados temas de sus meditaciones en el Camino Corto requieren lugares solitarios y períodos de ocio sin prisas.[145]

---

142 *Agendas,* 23-5-98.

143 *Agendas,* 23-5-1.

144 *Agendas,* 23-5-90.

145 *Agendas,* 23-5-65.

El Camino Largo establece una actitud de anhelo, mientras que el Camino Corto considera al Espíritu un hecho siempre presente y, en consecuencia, ¡no hay necesidad de anhelarlo![146]

El Camino Largo quiere purificar y perfeccionar el ego, pero el Camino Corto quiere encontrar a Dios. El Camino Largo se ocupa de las pequeñas piezas de un diseño, pero el Camino Corto se ocupa del patrón en sí. El Camino Largo aborda un tema menor, uno tras otro, pero el Camino Corto toma únicamente el tema subyacente principal. Esta es también la diferencia, así como la distancia, entre la meta inmediata y la última.[147]

El seguidor del Camino Largo, con su agotadora preocupación por la autosuperación, su imperiosa ansiedad por el avance personal para cumplir los propósitos internos de la vida, puede hacer que la vida sea más difícil de lo necesario y él mismo volverse sin sentido del humor. El seguidor del Camino Corto puede darse el lujo de olvidar sus luchas pasadas y comenzar a disfrutar de la vida.[148]

El Camino Largo también se llama el Camino de la Tierra. El Camino Corto también se llama el Camino del Sol. Esto se debe a que la Tierra está sujeta a cambios estacionales sombríos, pero el sol nunca varía en su resplandor. Si el Camino Largo es algo austero, el Camino Corto es notablemente alegre.[149]

El Camino Corto depende de la naturalidad y la espontaneidad: todo lo contrario de la disciplina y el esfuerzo del Camino

146 *Agendas,* 23-5-89.

147 *Agendas,* 23-5-40.

148 *Agendas,* 23-5-63

149 *Agendas,* 23-5-73.

Largo. El individuo que se aparta de este último en el momento adecuado lo hace no porque lo desprecie, lo niegue o lo rechace, sino porque ya no le sirve.[150]

En el Camino Corto uno se hace consciente del hecho del perdón. Deja de lado la constante autocrítica y autodesprecio, las prácticas meticulosas de autosuperación del otro Camino, y comienza a tomar en consideración este acontecimiento salvador.[151]

Mientras el individuo del Camino Largo está ocupado preocupándose por el mal en sí mismo y en el mundo, el individuo del Camino Corto está ocupado sonriendo ante el bien en el Yo Superior y en la Idea-del-Mundo.[152]

No hay ningún deseo en el individuo del Camino Corto de ser mejor de lo que es, ni deseo de mejorar su carácter o purificar su mente, ni sentido de estar obligado a rectificar las distorsiones provocadas por el ego tanto en el pensamiento como en el sentimiento.[153]

Wu Wei tiene un doble significado: primero, dejar que la Vida, la Mente, actúe a través de ti, por ti mismo, quedándote quieto, libre de pensamientos y vacío de ego: entonces no estás haciendo nada, sino que algo está actuando en ti, estás siendo usado; segundo, buscar la verdad de manera impersonal. Los caminos habituales buscan la realización personal, el logro, la salvación. El aspirante piensa o habla de "mi mente" o "mi purificación" o

---

150 *Agendas,* 23-4-133.

151 *Agendas,* 23-5-29.

152 *Agendas,* 23-5-33.

153 *Agendas,* 23-5-86.

"mi progreso"; por lo tanto, tales caminos están encerrados en sí mismos, son egoístas. Cualquier represión del ego que exista ocurre solo en la superficie y simplemente lo empuja hacia abajo para esconderse en el subconsciente, de donde resurgirá más tarde. Estos métodos son del Camino Largo, por lo tanto, están destinados a terminar en futilidad y desesperación. El camino más profundo de Wu Wei es perder el ego no haciendo nada para buscar la verdad o para mejorarse a uno mismo; no adoptando ninguna práctica; no siguiendo ningún camino. El Camino Corto entrega la realización al Yo Superior, de modo que eso ya no es asunto tuyo. Esto no significa que no te importe encontrar la verdad o no, sino que, mientras que el interés común por ella surge del deseo del ego o de la ansiedad del ego o de la necesidad egoísta de consuelo, escape o alivio, el interés del Camino Corto surge de la quietud de la mente, la serenidad de la fe y la aceptación del universo.[154]

154 *Agendas,* 23-5-228.

CAPÍTULO IV

CONCIENCIA: "¿QUIÉN SOY YO?"

¿Por qué tantas personas son tan inconscientes de su propia existencia superior? La respuesta es que su facultad de conciencia misma es esa existencia espiritual. Todo lo que las personas saben, lo saben a través de la conciencia dentro de ellas. Aquello en ellas que sabe cualquier cosa es su elemento divino. El poder de conocer –ya sea un pensamiento conocido, un complejo de pensamientos como los recuerdos, o una cosa como un paisaje– es un poder divino porque proviene del yo más elevado que poseen.[155]

Es una búsqueda para volverse consciente de la Conciencia, para explorar el "Yo" y penetrar en el misterio de su poder cognoscitivo.[156]

Si queremos un conocimiento certero, en lugar de una vaga esperanza, de que la respuesta a la pregunta "¿Quién soy yo?" es "Soy de esencia divina", debemos seguir la Búsqueda en sus disciplinas y prácticas.[157]

155 *Agendas,* 21-5-48.

156 *Agendas,* 1-1-20.

157 *Agendas,* 2-1-5.

La misteriosa pregunta "¿Quién soy yo?" es ciertamente profundamente importante, por eso fue planteada desde el comienzo de su carrera por Ramana Maharshi. También hay otra pregunta que uno puede atreverse a formular: "¿Dónde estoy?" ¿Estoy aquí en el cuerpo físico o en la mente invisible?[158]

Todo lo que se recuerda es un pensamiento en la conciencia. Esto no solo se aplica a objetos, eventos y lugares. También se aplica a personas, incluyendo uno mismo, aquel que es recordado, el "yo" que fui. Esto significa que mi propia personalidad, a lo que yo llamo yo mismo, fue un pensamiento en el pasado, por fuerte y persistente que fuera. Pero el pasado fue una vez el presente. Por lo tanto, ahora no soy menos que un pensamiento. Surge la pregunta de qué tenía entonces que aún tengo ahora, sin cambios, exactamente igual. No puede ser el "yo" como persona, porque eso es diferente de alguna manera cada vez. Es, y solo puede ser, el "Yo" como Conciencia.[159]

El conocimiento de que no hay dos seres humanos iguales se refiere a sus cuerpos y mentes. Pero esto deja de lado la parte de su naturaleza que es espiritual, la cual se encuentra y se experimenta en la meditación profunda. En esa, la parte más profunda de su ser consciente, el yo personal desaparece; solo queda la conciencia en sí misma, libre de pensamientos, libre del mundo. Esta es la fuente del sentimiento del "yo", y es exactamente igual en la experiencia de todos los demás seres humanos. Esta es la parte que nunca muere, "donde Dios y el hombre pueden mezclarse".[160]

158 *Agendas,* 21-5-140.

159 *Agendas,* 8-2-3.

160 *Agendas,* 22-3-380.

La presencia siempre está ahí, siempre esperando ser reconocida y sentida, pero se necesita silencio interior para que esto sea posible. Y pocas personas lo poseen o lo buscan.[161]

Que sepamos que esta conciencia existe significa solo que tenemos una *idea* de la conciencia. No vemos esa conciencia como un objeto en sí mismo, ni nunca podremos hacerlo. Si hemos de conocer la conciencia por sí misma, primero tendríamos que dejar de conocer sus objetos, sus reflejos en el pensamiento, incluido el pensamiento del ego, y entonces serla, no verla.[162]

Si buscamos en la parte más profunda de nuestro ser, al final llegamos a un vacío total donde nada del mundo exterior puede reflejarse, a una quietud divina donde ninguna imagen ni forma puede estar activa. Esta es la esencia de nuestro ser. Este es el verdadero Espíritu.[163]

En el Vacío, lo Real está oculto, allí el tiempo se suspende: allí se disuelve el mundo entero y el espacio que lo contiene, todo y todos emergen y desaparecen allí. Solo AQUELLO es lo siempre-Real, el siempre-Ser. Eso es lo que la persona debe aprender a considerar como su propio ser oculto, una tarea de re-identificación.[164]

En ese centro silencioso hay un poder inmenso y una fuerza rocosa.[165]

---

161 *Agendas,* 24-4-52.

162 *Agendas,* 21-5-168.

163 *Agendas,* 23-7-149.

164 *Agendas,* 19-5-17.

165 *Agendas,* 24-4-107.

El Yo Superior percibe y conoce el yo individual, pero solo como un testigo imperturbable: de la misma manera que el sol observa los diversos objetos sobre la tierra, pero no entra en una relación particular con un objeto particular. Así también el Yo Superior está presente en cada yo individual como el testigo y como la conciencia inmutable que da conciencia al individuo.[166]

Solo hay una única luz de conciencia en la cámara de la mente. Sin ella, el mundo no podría ser fotografiado en la película de nuestra mente-ego. Sin ella, la mente-ego misma estaría igualmente en blanco. Esa luz es el Yo Superior.[167]

Cuando la persona descubra el poder oculto dentro de sí mismo que le permite ser consciente y pensar, descubrirá el Espíritu Santo, el rayo de la Mente Infinita que ilumina su pequeña mente finita.[168]

La conciencia aparece a medida que la persona se busca a sí misma. Ésta es su búsqueda. Pero cuando aprende y comprende que ella misma es el objeto de esa búsqueda, la persona no solo deja de buscar fuera de sí misma, sino que incluso deja de emprender la búsqueda misma. De ahí en adelante, se deja mover por el fluir del Yo Superior.[169]

Con demasiada frecuencia los principiantes consideran que las emociones elevadas o los poderes extraordinarios o el éxtasis

166 *Agendas,* 22-3-338.

167 *Agendas,* 8-1-78.

168 *Agendas,* 22-3-181.

169 *Agendas,* 23-1-3.

son la medida de la realización, cuando la única medida genuina es la "conciencia".[170]

Todo lo demás puede ser conocido, como se conocen las cosas y las ideas, como algo aparte o poseído, pero el Yo Superior no puede ser verdaderamente conocido de esta manera. Esto solo puede suceder identificándose uno mismo con Él.[171]

Este es el clímax espiritual de la vida de uno, este momento dramático en el que la conciencia llega a reconocerse y comprenderse a sí misma.[172]

---

170 *Agendas,* 25-2-25.

171 *Agendas,* 22-3-190.

172 *Agendas,* 25-2-247.

CAPÍTULO V

EL EGO Y EL YO SUPERIOR: "¿QUÉ SOY YO?"

Lo que comúnmente consideramos que constituye el "yo" es una idea que cambia de año en año. Éste es el "yo" personal. Pero lo que sentimos más íntimamente como siempre presente en todas estas diferentes ideas del "yo", es decir, el sentido de ser, de existencia, nunca cambia. Este es nuestro verdadero y duradero "yo".[173]

¡Piensa! ¿Qué significa el "Yo"? Esta simple y única palabra está llena de un misterio inefable. Porque aparte del vacío infinito en el que ella nace y al que debe regresar, no tiene ningún significado. El Eterno es su núcleo y contenido oculto.[174]

Hay un poder vital de lo cual derivamos nuestras capacidades y nuestra inteligencia. Está oculta e intangible. Nadie la ha visto, pero todos los que piensan lo suficientemente profundo pueden sentir que está allí, siempre presente y siempre apoyándonos. Es el Yo Superior.[175]

---

173 *Agendas,* 8-2-1.

174 *Agendas,* 8-1-8.

175 *Agendas,* 22-3-175.

El verdadero ser del individuo está oculto en un núcleo central de quietud, un vacío central de silencio. Este núcleo, este vacío, ocupa solo un punto en dimensión. A su alrededor hay un anillo de pensamientos y deseos que constituyen el yo imaginado, el ego. Este anillo está constantemente fermentando con nuevos pensamientos, cambiando constantemente con nuevos deseos, y alternativamente burbujeando de alegría o agitándose con dolor. Mientras que el centro está siempre en reposo, el anillo que lo rodea nunca está en reposo; mientras que el centro otorga la paz, el anillo la destruye.[176]

Nuestro apego al ego es natural. Surge porque estamos inconscientemente apegados a lo que está detrás de él, al Yo Superior. Solo que, llevados por la ignorancia, nos concentramos totalmente en el "yo" aparente e ignoramos por completo el yo invisible y duradero del que no es más que una sombra transitoria. El "yo" que tiembla o disfruta en la serie temporal no es el verdadero "Yo".[177]

El ego personal tiene sus singularidades y particularidades, sus metas presentes y recuerdos pasados, su vida dentro del tiempo, su propio temperamento y características especiales. Todo esto significa que es único. La individualidad es la parte más alta, más sutil y más refinada, incluso la parte más divina del ser. Está fuera del tiempo. Es esencia pura, mientras que el otro es una entidad compuesta. Para ella, las horas no pasan; para el otro, hay una secuencia constante, una existencia de momento a momento. A veces, los individuos vislumbran este otro yo, que es realmente su mejor yo y que no es algo que se pueda alcanzar mediante una progresión, ya que está siempre presente. No tiene ni necesita

176 *Agendas,* 8-1-32.

177 *Agendas,* 8-2-18.

pensamientos. Cada momento que dedican a identificarse con él es su salvación. Si esto lo aleja de parientes y amigos, de todo discurso con todas las personas, también lo lleva a una relación y comunicación más divina con ellos.[178]

No hay un ego real, sino solo una rápida sucesión de pensamientos que constituye el proceso del "yo". No hay una entidad separada que forme la conciencia personal, sino solo una serie de impresiones, ideas e imágenes que giran alrededor de un centro común. Este último está completamente vacío; la sensación de que algo está allí proviene de un plano totalmente diferente: el del Yo Superior.[179]

¿Qué es el ego sino el Yo Superior rodeado de barreras, condicionado por sus instrumentos –el cuerpo, los sentimientos y el intelecto– y olvidado de su propia naturaleza?[180]

Cada persona está atrapada en su propio ego hasta que la idea de liberación surge en él y se pone a trabajar en sí mismo, y eventualmente la Gracia se manifiesta y lo pone en el Camino Corto.[181]

Que un tema de meditación deba formularse en forma interrogativa es una indicación inmediata de que el tipo de meditación en cuestión es intelectual. "*¿Qué soy Yo?*" es una pregunta simple con una respuesta compleja. En este ejercicio, pensarás repetidamente en lo que realmente eres, tan distinto de lo que pareces ser. Te separarás intelectual, emocional y volitivamente –en la medida de lo posible– de tu cuerpo físico, tus deseos y

178 *Agendas,* 8-1-143.

179 *Agendas,* 8-2-31.

180 *Agendas,* 8-1-6.

181 *Agendas,* 8-5-415.

tus pensamientos, considerándolos como objetos de tu conciencia y no como la conciencia pura en sí misma. Comenzarás preguntándote "¿Quién soy Yo?" y, cuando comprendas que la naturaleza inferior no puede ser tú verdadero yo, continúa haciendo la siguiente pregunta: "¿Qué soy Yo?". Mediante este frecuente autocuestionamiento y autodiscriminación, te acercarás cada vez más a la verdad.[182]

El Yo Superior no es simplemente una abstracción intelectual transitoria, sino más bien una presencia eterna. Para aquellos que han despertado a la conciencia de esta presencia, siempre está disponible su misterioso poder y su sublime inspiración.[183]

El Yo Superior no evoluciona ni progresa. Estas son actividades que pertenecen al tiempo y al espacio. No está en ningún lugar del tiempo ni en ningún lugar del espacio. *Está* aquí, en esta profunda, hermosa y omnipresente calma, donde una persona encuentra su verdadera identidad.[184]

Esta Presencia benéfica, que otorga libertad, que transforma el carácter, que despierta el alma y que es gentil, es el Yo Superior.[185]

Cuando estamos en el sueño profundo no tenemos absolutamente ningún sentido de la existencia del Tiempo. ¡Estamos entonces en la eternidad! Cuando nos convencemos completamente de la ilusión del tiempo, y hacemos de esta convicción una actitud firme, la eternidad se revela incluso durante el estado de vigilia. Esta es la vida en el Yo Superior. Esto no es lo mismo que

---

182 *Agendas,* 4-4-36.

183 *Agendas,* 22-2-69.

184 *Agendas,* 22-3-245.

185 *Agendas,* 22-3-253.

totalizar el pasado, presente y el futuro; todos ellos pertenecen a la ilusión. Esta realización proporciona una paz perfecta.[186]

Aunque el Yo Superior no pasa por las diversas experiencias de su imagen imperfecta, el ego, sin embargo, las atestigua. Aunque es consciente del dolor y placer experimentados por el cuerpo que anima, él mismo no los siente; aunque desapegado de las sensaciones físicas, no las ignora. Por otro lado, la conciencia personal sí las siente porque las considera como estados de su propio ser. Así, el Yo Superior es consciente de nuestras alegrías y penas sin compartirlas él mismo. Es consciente de nuestra experiencia sensorial sin ser físicamente sensible. Aquellos que se preguntan cómo es posible esto, deberían reflexionar que un hombre que despierta de una pesadilla es consciente nuevamente en la forma de un recuerdo revivido de lo que sufrió y lo que sintió, pero, sin embargo, no vuelve a compartir ni el sufrimiento ni las sensaciones.[187]

Si un hombre pudiera apartarse lo suficiente de su ego para no dejar que sus intereses y deseos lo dominen, permitirá que la paz triunfe en su corazón. El verdadero paraíso, el reino celestial real, que ha sido pospuesto por un clero ignorante al mundo *post-mortem*, volviéndose así lejano y elusivo, está de hecho tan cerca de nosotros como nosotros de sí mismos, y tan presente como hoy. Si hemos de entrar en él, podemos y debemos entrar mientras aún estamos en el cuerpo físico. No es un tiempo ni un lugar, sino un estado de vida y una etapa de desarrollo. Es la vida libre de ego. No se le pide al ego que se destruya a sí mismo, sino que se discipline. Lo personal en un individuo debe vivir,

186 *Agendas,* 19-4-84.

187 *Agendas,* 22-3-337.

pero solo como esclavo de lo impersonal. Estas dos identidades constituyen su yo.[188]

La resurrección –morir y vivir de nuevo– es un símbolo. Significa abandonar el ego y entrar en el Yo Superior *con plena conciencia*.[189]

Esta identificación con el mejor Yo en nosotros es el ideal establecido para todos los individuos, a ser realizado a través de una larga experiencia y mucho sufrimiento o mediante la aceptación de la instrucción, el seguimiento de la revelación, el desarrollo de la intuición, la práctica de la meditación y vivir sabiamente. Y este mejor Yo no es la parte más virtuosa de nuestro carácter –aunque puede ser una de las fuentes de esa virtud– sino la parte más profunda de nuestro ser, debajo de los pensamientos que zumban como abejas y las emociones que expresan nuestro egoísmo. En él reina una sublime quietud. Allí, en esa quietud, está nuestra identidad más verdadera.[190]

El carácter misterioso del Yo Superior desconcierta inevitablemente al intelecto. Lo podremos apreciar mejor si aceptamos el hecho paradójico de que reúne una dualidad y que, por lo tanto, hay dos maneras de pensar en él, ambas correctas. Existe el ser divino que está completamente por encima de todas las preocupaciones temporales, absoluto y universal, y también existe el ser semi-divino que está en relación histórica con el ego humano.[191]

---

188 *Agendas,* 8-1-208.

189 *Agendas,* 20-5-7.

190 *Agendas,* 1-5-18.

191 *Agendas,* 22-3-386.

Ésta es la paradoja: que el Yo Superior es a la vez universal e individual. Es el primero porque eclipsa a todos los seres humanos como un solo poder. Es el segundo porque cada persona lo encuentra dentro de sí mismo. Es tanto el espacio como el punto en el espacio. Es Espíritu infinito y, sin embargo, también es la presencia sagrada en el corazón de todos.[192]

¿Por qué elegí "*¿Qué Soy Yo*?": 1) Porque quería empezar con la idea de una conciencia "no-yo" en lugar de su propio "yo" con el que están continuamente ocupados; 2) porque la palabra *Brahman* es de género neutro, ni masculino ni femenino. Brahman en nosotros es *Atman*, el Yo: pero completamente impersonal. "Qué" se presta más fácilmente a esta impersonalidad que "Quién"; 3) la respuesta a *"¿Qué Soy Yo?"* es múltiple, pero comienza con "¡una parte del mundo!" y es seguida por otra pregunta, "¿cuál es mi relación con este mundo?" La respuesta requiere el descubrimiento del Mentalismo, que nos conduce de regreso a través del pensamiento del mundo, del pensador y de la conciencia, hasta Brahman.

La respuesta a la pregunta *"¿Qué soy Yo?"* es "un Alma divina". Esta alma está relacionada y enraizada en Dios. Pero eso no nos hace equivalentes a Dios. Aquellos que lo dicen están usando el lenguaje de manera descuidada.[193]

La incapacidad del pequeño ser humano para entrar en el conocimiento de Dios trascendente no lo condena a la ignorancia perpetua. Porque Dios, estando presente en todas las cosas, también está presente en Él. La llama está todavía en la chispa. Aquí está su esperanza y su oportunidad. Así como él conoce su propia identidad personal, así Dios conoce a Dios en él como el

192 *Agendas,* 22-3-384.

193 *Agendas,* 8-1-38.

Yo Superior. Este conocimiento divino o*curre continuamente, ya sea que esté despierto o dormido, ya sea que sea ateo o santo*. Él también puede participar de él, pero solo consintiendo en someter su intelecto a su intuición. Ésta no es una condición arbitraria impuesta por un capricho teocrático, sino una que es inherente a la naturaleza misma de los procesos de conocimiento. Al aceptarla, puede poner todo el asunto a prueba y aprender por sí mismo, a su debido tiempo, su otra identidad no personal.[194]

El ser humano no existe solo, aislado. Él mismo es parte del universo en el que nace. Por lo tanto, no puede obtener una respuesta adecuada a la pregunta "¿qué soy Yo?" a menos que también obtenga una respuesta a la pregunta "¿cuál es mi relación con el universo?" En consecuencia, el místico que se satisface con la respuesta que descubre a través de la meditación a la primera pregunta, se satisface con una media verdad.[195]

Percibe ahora estas dos cosas: el carácter onírico de la vida en el mundo y el carácter ilusorio del ego personal. De ahí la necesidad de la investigación "¿qué soy Yo?", para que la ilusión del ego pueda disiparse. Cuando puedas ver estas cosas con claridad, entonces podrás estar quieto y sin perturbaciones, desenredado y sin ilusión en medio de la lucha de la vida. Serás sabio, libre, inmune a la persecución mezquina de los hombres –a sus mentiras, malicia e injurias– pues al no estar más identificado con la personalidad, ya no eres su blanco.[196]

La fuente de sabiduría y poder, de amor y belleza, está dentro de nosotros mismos, pero no dentro de nuestros egos. Está dentro

---

194 *Agendas,* 28-2-89.

195 *Agendas,* 16-2-251.

196 *Agendas,* 21-5-4.

de nuestra conciencia. De hecho, su presencia nos proporciona un contraste consciente que nos permite hablar del ego como si fuera algo diferente y aparte: es el verdadero Yo, mientras que el ego es solo una ilusión de la mente.[197]

¿Es posible unir ambos caminos, la vida activa en el mundo exterior y la vida tranquila en la quietud interior, y no encontrar ruptura, ninguna diferencia esencial, ninguna falsificación de la idea frecuentemente expresada, "Dios está en todas partes"? ¡La respuesta es Sí! y ha sido probada en la experiencia antigua y moderna. "¿Qué es el Mundo?" ofrece la misma respuesta que "¿Quién soy Yo?" Retirarse del mundo físico de los sentidos como lo hace el místico o participar en la acción física que involucra los sentidos: no hay necesidad de romper la unión, la conciencia de la presencia divina.[198]

El yo egoico es la criatura nacida del propio hacer y pensar del ser humano, que cambia y crece lentamente. El Yo Superior es la imagen de Dios, perfecta, acabada e inmutable. Lo que tiene que hacer, si ha de realizarse, es dejar que uno brille a través del otro.[199]

¡Cuán estrecha es su relación con ese otro Yo, ese Yo Superior divino! Y no solo la relación de su mente, sino también la de su cuerpo. Porque en el centro de cada célula de la sangre, la médula, carne y los huesos, hay un vacío que sostiene y es el Espíritu puro.[200]

197 *Agendas,* 8-1-2.

198 *Agendas,* 20-4-104.

199 *Agendas,* 8-1-7.

200 *Agendas,* 5-2-36.

El ego no es realmente destruido –¿cómo podría alguien actuar en este mundo sin cuerpo e intelecto, emoción y voluntad?– pero el centro del ser se desplaza de él hacia el Yo Superior.[201]

Una vez que esta pregunta –¿qué soy Yo?– es respondida, no quedan otras preguntas. A la luz de su deslumbrante respuesta, uno sabe cómo manejar todos sus problemas.[202]

201 *Perspectivas,* 8-20.

202 *Agendas,* 8-1-11.

CAPÍTULO VI

MENTALISMO: LA CLAVE PARA LA NO-DUALIDAD

El mentalismo, la enseñanza de que este es un universo mental, es demasiado difícil de creer para el individuo común, pero demasiado difícil de descreer para el individuo iluminado. Esto se debe a que para el primero es solo una teoría, mientras que para el segundo es una experiencia personal. La conciencia del individuo común se mantiene cautiva por sus sentidos, cada uno de los cuales informa de un mundo de materia exterior a él. La conciencia del individuo iluminado es libre, para ser ella misma, de informar de su propia realidad y de revelar que los sentidos y su mundo son meras ideas.[203]

Todo es como un sueño gigantesco, en el cual cada ser humano inserta su propio sueño privado dentro del sueño público. Hay que romper un doble hechizo antes de que la realidad pueda ser vislumbrada: el hechizo que el mundo nos impone y el que el yo nos impone. El individuo que ha despertado completamente de este hechizo es el individuo que ha obtenido la experiencia plena del insight. Esta facultad no es otra cosa que ese despertar pleno. Es inmensamente difícil de alcanzar, por lo que tan pocos de los soñadores se despiertan, y por lo que tantos ni siquiera escuchan

203 *Agendas,* 21-4-45.

las revelaciones de los que han despertado. Sin embargo, la Naturaleza nos enseña aquí, como en todas partes, a no dejar que la paciencia se agote. Hay mucho tiempo en su bolsa. La vida es un proceso evolutivo. Los seres humanos comenzarán a agitarse en su sueño erráticamente, pero cada vez más.[204]

Mientras el sueño continúa, uno no puede evitar tomar sus escenas y figuras como bastante reales. Pero si alguien toca una campana que lo despierte del estado de sueño, verá entonces que tanto las escenas como las figuras eran meros productos de su propia imaginación. En cierto sentido, el maestro de filosofía actúa como lo hizo este despertador, excepto porque dirige sus esfuerzos hacia la conciencia de la vida cotidiana, engañada por los sentidos.[205]

Krishna, en el Bhagavad Gita, es el propio yo más elevado del individuo. Debe mantener su santuario interior dentro del corazón reservado para el Ideal. Debe adorar allí al Espíritu que no tiene nacimiento ni muerte, indestructible y divino. La vida en este mundo es como la espuma en el mar: pasa demasiado rápido; pero los momentos dedicados a la adoración y reverencia al Alma cuentan para la ganancia eterna. Los acontecimientos históricos más tremendos en esta Tierra son, después de todo, solo imágenes que pasan por la conciencia como un sueño. Una vez que el buscador despierta a lo Real, los ve por lo que son. Entonces vivirá en Su serenidad, y ya no importará si las imágenes mismas son tormentosas y agitadas. Es la mayor buena fortuna alcanzar tal serenidad: ser elevado por encima de la pasión y el odio, el prejuicio y el miedo, la codicia y el descontento, y aun así, ser capaz de atender eficaz y competentemente a sus deberes

204 *Agendas,* 20-4-194.

205 *Agendas,* 1-6-28.

mundanos. Es posible alcanzar este estado. El buscador ya puede haber tenido vislumbres de él. Algún día, en algún momento, si es paciente, entrará en él para quedarse, y el propósito inimaginablemente gratificante y perfecto de su vida, de todas sus vidas, se cumplirá.[206]

El iluminado ve los objetos como lo hacen otras personas, solo que su sentido de la materialidad queda destruido, pues los ve también como ideas, irreales. El punto de vista del iluminado no es el punto de vista del yogui. El iluminado encuentra todo el mundo en sí mismo, dice el Gita. Esto significa que se siente simpáticamente en unidad con todas las criaturas, incluso los mosquitos o las serpientes.[207]

Los dos análisis deben unirse ahora, simultáneamente: el "¿qué soy Yo?" y el "¿qué es el Mundo?" Solo entonces pueden unificarse por el mentalismo, reapareciendo en, y como, la Única Conciencia: la dualidad del yo y el no-yo desaparece.[208]

No son los cinco sentidos los que conocen el mundo exterior, ya que son solo instrumentos que utiliza la mente. Ni siquiera es el intelecto, ya que éste simplemente reproduce la imagen formada a partir de los informes sensoriales totales. No son capaces de funcionar por sí mismos. Es el principio de Conciencia que está detrás de ambos, y para el cual son simplemente agentes, lo que realmente hace posible la percepción del mundo. Es como el sol, que ilumina la existencia de todas las cosas.[209]

---

206 *Agendas,* 18-1-5.

207 *Agendas,* 21-5-24.

208 *Agendas,* 21-5-155.

209 *Agendas,* 21-1-56.

No solo el mundo es una apariencia en la Conciencia, sino también el ego. Al final, el ego es un pensamiento, quizá el más fuerte de todos; y solo la Conciencia-en-Sí-Misma es la Realidad de la cual extrae sustento, existencia, vida.[210]

La enseñanza de la no-dualidad es que todas las cosas están dentro de un solo y mismo elemento: la Conciencia. Por lo tanto, no hay dos o tres o tres millones de cosas y entidades: en realidad, solo hay la Única Conciencia.[211]

Si la investigación del tiempo realizada en profundidad por la inteligencia muestra que su esencia real es un eterno Ahora, así también, una investigación similar del espacio muestra que su esencia real es un eterno Aquí. Ambos resultados se alcanzan también en la experiencia real, de manera nítida y clara, en la meditación profunda. Pero ¿dónde están? La respuesta la da el mentalismo de manera breve y precisa: están en la conciencia.[212]

La vida en la Tierra no es más que un sueño vivido en un cuerpo físico, ensueño en medio de un entorno de ensueño. Las experiencias oníricas son solo ideas: durante el sueño-ensueño la persona ve, oye, toca, gusta y huele exactamente como lo hace durante el sueño-vigilia. Por lo tanto, la vigilia no es más que ideas materializadas, pero todavía ideas. El sueño cósmico de Dios: todas las actividades universales no son más que diferentes ideas de Dios, ideación divina materializada y proyectada sobre la pantalla de la conciencia humana. La ilusión cósmica incide en

210 *Agendas,* 21-5-138.

211 *Agendas,* 28-1-26.

212 *Agendas,* 19-4-53.

los sentidos del individuo y es vista desde dentro por la Mente a través de la conciencia, la sensación y los órganos corporales.[213]

El Vedantín te dice: "Tu experiencia del mundo es ilusoria; lo tomas como existente; ves una serpiente cuando solo hay una cuerda". Pero el filósofo comenta: "Solo es engañoso si, mientras estás en el cuerpo, lo tomas como algo absolutamente y en última instancia real. El mundo está realmente allí, pero ¿qué es lo que lo hace estar allí para ti? ¡Conciencia! Esa es la realidad. Pero lo que llamas conciencia es solo un fragmento, una cosa muy pequeña y confinada, comparada con su fuente".[214]

En el estado de vigilia experimentamos el mundo físico; en el estado de sueño nuestra experiencia corresponde al mundo astral etérico; en el estado de sueño profundo entramos en un nivel aún más alto de experiencia que es el de Dios, cuya voluntad se expresa en los otros dos mundos inferiores. A este Dios, los hindúes lo llaman Ishvara; yo lo he llamado Mente-del-Mundo. Ahora, es subyacente a estos tres estados y, por lo tanto, la Realidad, la conciencia, la conciencia real que está debajo de ellos, el individuo la experimenta como iluminación. Los otros tres son estados, mientras que ésta es la Realidad que sustenta esos tres estados: vigilia, sueño y sueño profundo. En el sueño profundo el individuo alcanza a Dios, se podría decir, pero debido a su ignorancia no es consciente de ello, por lo que no se beneficia de ello.[215]

La conciencia realmente existe, mientras que las cosas que ella da a conocer están presentes solo cuando son percibidas, sentidas, oídas o de alguna otra manera percibidas por uno o más de

213 *Agendas*, 21-3-23.

214 *Agendas*, 21-5-176.

215 *Agendas*, 19-3-193.

los cinco agentes de informantes. Esta conciencia es en sí misma siempre la misma, invariable, la única cosa en nosotros en la cual los pensamientos y los cuerpos hacen su aparición y de la cual también desaparecen.[216]

Interior y diariamente, uno regresa a esta idea de que todo es Idea, que el mundo familiar –sus lugares y personas, su vida urbana bullendo de actividad, su civilización alardeada y cultura refinada– no tiene otra existencia más que en su conciencia y toma su realidad a partir de eso. Por lo tanto, volverse consciente de la Conciencia separada de sus producciones –los pensamientos– es su tarea, de donde saca su fuerza y devoción.[217]

Las imágenes mentales que componen el universo de nuestra experiencia se repiten innumerables veces en un solo minuto. Solo por eso, dan una impresión de continuidad, permanencia y estabilidad, del mismo modo que lo hace una película cinematográfica. Si pudiéramos borrarlas y, sin embargo, mantener nuestra conciencia intacta, conoceríamos por primera vez su fuente, la realidad detrás de sus apariencias. Es decir, conoceríamos la Mente-en-sí-misma. Tal borrado se efectúa mediante el yoga. He aquí, entonces, la importancia de la conexión entre el mentalismo y el misticismo.[218]

El estudiante tiene que apartarse de las formas-pensamiento, lo que significa que debe apartarse de la persona y verla como algo externo a sí mismo. Cuando logra hacerlo, adopta automáticamente el punto de vista del Yo Superior. Debe hacer de la persona un objeto y al Yo Superior su observador. Ahora bien,

---

216 *Agendas,* 21-1-80.

217 *Agendas,* 21-5-16.

218 *Agendas,* 21-5-206.

este elemento de consciencia pura es algo constante e ininterrumpido; por lo tanto, no es consciencia ordinaria, que es algo discontinuo hecho de pensamientos totalizados, sino consciencia trascendental.[219]

El mundo se ve exactamente como era antes; ser comprendido por lo que es –una serie de pensamientos– no altera su apariencia. La percepción que el sabio tiene de él es como la de las demás personas; sus sentidos funcionan como los de ellas; pero él sabe que su experiencia del mundo depende de la presencia de la Consciencia, que está siempre presente; él nunca deja de estar consciente de eso. Ésta es la primera gran diferencia.[220]

a) "El uno sin un segundo" reaparece en el universo como "no hay dos cosas iguales." b) La no-dualidad, no-dos, significa mentalismo; el mundo es mi idea, en mi consciencia, por lo tanto, no está separado de mí. No hay dos: yo más el mundo.[221]

La realidad no se encuentra ni pensando únicamente ni sin pensar en absoluto. Este elevado camino que se abre ante el estudiante de filosofía es el de la concentración inquebrantable y profundamente abstracta de la mente en lo real, ya sea que la mente esté pensando o no, y ya sea que el individuo esté actuando o no.[222]

La comprensión de que todo es ilusorio no es la comprensión final. Es una etapa esencial, pero solo una etapa. Al final, comprenderás que la forma y la separación de una cosa son ilusorias, pero la cosa-en-sí-misma no lo es. Aquello de lo que surgen estas

---

219 *Agendas,* 23-6-83.

220 *Agendas,* 21-5-142.

221 *Agendas,* 19-2-18.

222 *Agendas,* 20-4-99.

formas no es diferente de ellas, por lo tanto, la Realidad es una y la misma en todas las cosas. Ésta es la paradoja de la vida y se necesita una mente aguda para percibirla. Sin embargo, para sacar a los principiantes de sus apegos terrenales, tenemos que enseñarles primero lo ilusorio del mundo, y luego elevarlos a un nivel superior de comprensión y mostrarles que el mundo no está separado de lo Real. "Eso eres tú" unifica todo en esencia. Pero esta realización final no se puede obtener aquietando la mente, sino solo despertándola a pleno vigor nuevamente después de haber alcanzado la paz yóguica, y luego dejando que su actividad cese por sí sola cuando el pensamiento se fusiona voluntariamente en el insight. Una vez hecho esto, conocerás las limitaciones tanto del yoga como de la indagación como etapas sucesivas. Quien se da cuenta de esta verdad no se divorcia de la materia –como lo hacen la mayoría de los yoguis– sino que se da cuenta de que no hay diferencia con ella. Por eso, llamamos a este camino más elevado "el yoga de la no-dualidad." Pero para alcanzarlo, uno tiene que pasar por el "yoga del conocimiento filosófico".[223]

Hay dos puntos de vista: una verdad cualificada para la etapa inferior de aspirantes que admite la dualidad; y el punto de vista completo de la no-dualidad para el estudiante más avanzado; así, para la vida práctica, cuando se trata con otras personas o cuando uno se involucra en alguna actividad, aquellos en la primera etapa deben aceptar la noción de que el mundo es real, por conveniencia; sin embargo, aun así, cuando están solos o cuando permanecen en silencio, inactivos, deben volver a considerar el mundo, que incluye el propio cuerpo físico como parte de él, como una idea. Solo para el sabio la verdad está siempre presente, sin importar si está con otros, si está trabajando, o si está

223 *Agendas,* 25-2-116.

en trance, y esta verdad es la consciencia sin interrupción de una sola Realidad y un solo Yo.[224]

Solo hay una mente y todos esos nombres como mente cósmica, mente supermente, etc., son meramente conceptos imperfectos y parciales de esa mente única y última que la filosofía presenta para ayudar a los estudiantes a avanzar hacia una etapa superior. Sin embargo, estos conceptos no son falsos. Representan aspectos de la misma mente última vistos desde diferentes puntos de vista. Como estos puntos de vista no son los más elevados, no producen la verdad final. Por lo tanto, será bueno para él que se acostumbre al punto de vista más elevado y recuerde siempre que solo hay una mente, una realidad, un principio, una sustancia, un ser solamente. Todas las cosas son formas o figuras que esta mente parece tomar temporalmente. La clave para la comprensión de estos puntos, que ciertamente son difíciles, es pensar en el universo visto durante el sueño y luego recordar que ese universo mismo, sus mares y continentes, sus pueblos y animales, sus acontecimientos en el tiempo, sus distancias en el espacio, no existen aparte de la mente de la persona que sueña; que incluso si millones de personas existen dentro de ese universo, no son nada más que ideas que pasan por la mente del soñador; y que su materia última o realidad es la mente, aunque para el soñador parezcan reales, como también lo son el agua, el fuego, el gas e incluso los más de noventa elementos químicos. Ahora debe tratar de considerar el universo despierto de la misma manera, con esta diferencia: que debido a que el ego es una de las figuras soñadas en los sueños despiertos, debe ser eliminado si uno quiere romper con el sueño y comprobar que es un sueño en la mente universal.[225]

---

224 *Agendas,* 19-2-40.

225 *Agendas,* 21-3-44.

El término no-dualidad sigue siendo un sonido en el aire cuando se escucha, una imagen visual cuando se lee. Sin la clave del mentalismo, sigue siendo solo eso. ¿Cuántos estudiantes del Vedanta y, dicho sea de paso, maestros, lo interpretan correctamente? Y eso es entender que no hay dos entidades separadas: una cosa y también el pensamiento de ella. La cosa está en la mente, es una proyección de la mente como pensamiento. Esto es no-dualidad, pues la mente no está separada de lo que viene de ella y vuelve a entrar en ella. Lo mismo que ocurre con las cosas, también ocurre con los cuerpos y los mundos. Todos aparecen junto con el pensamiento, que es en última instancia cósmico, pero inmediatamente individual de ellos.[226]

Llegar a la comprensión de que el universo es inmaterial y mental es ser liberado del materialismo. Produce una sensación como la que siente un prisionero que ha pasado la mitad de su vida encerrado en una mazmorra oscura, sucia y fétida, y que de repente se ve liberado, puesto en libertad, expuesto al sol brillante y al aire limpio y fresco. Porque ser materialista significa estar preso en la falsa creencia de que el mundo material es el mundo real; volverse espiritual es percibir que todos los objetos son mentales; la revelación de la naturaleza mental del universo es tan estupenda que realmente libera la mente y los sentimientos de su prisión materialista y lleva a todo el ser interior a la deslumbrante luz del sol de la verdad, a la fresca atmósfera de la Realidad. Todos aquellos que creen en la materialidad del mundo material y no en su naturaleza mental, son realmente materialistas aunque se llamen religiosos, cristianos, espiritualistas, ocultistas o antropósofos. La única manera de escapar del materialismo no es convertirse en seguidor de ningún culto psíquico o fe religiosa, sino investigar con la mente en la verdad de la materia y ser recompensado

---

226 *Agendas,* 28-1-25.

al final por la percepción permanente de su Naturaleza mental. Todos los demás métodos son inútiles, o en el mejor de los casos, no son más que pasos preparatorios y preliminares.[227]

Es un error fundamental convertir la mente pura en un objeto de experiencia en un intento de alcanzar la comprensión. La mente puede conocer todo lo demás y es la condición ineludible de toda experiencia, pues por su luz se revelan todos los objetos, todos los acontecimientos, pero ella misma no puede ser conocida de la misma manera que conocemos todo lo demás. Comúnmente, hay un conocedor y un conocido, y la mente tendría que trascender tal relación si quisiera ser consciente de sí misma, lo que significa que tendría que trascender el pensamiento mismo. La mente misma produce las categorías de tiempo, espacio y causa que hacen posible y cognoscible la experiencia del mundo –es decir, pensable– y es por eso que no puede ser captada de la misma manera. La naturaleza de la mente es única, y ante su sublime verdad, el habla tiembla en el silencio.[228]

Debemos pasar de la consciencia a su realidad oculta, la esencia de la mente, que es la única consciencia verdadera porque brilla por sí misma y no por una luz prestada. Cuando dejamos de considerar la Mente como esta o aquella mente particular y la vemos como la Mente en su totalidad; cuando dejamos de considerar el Pensamiento como este o aquel pensamiento, sino como el poder común que hace posible el pensar; y cuando dejamos de considerar a esta o aquella idea como tal sino como la Idea pura, aprehendemos la existencia absoluta a través de un profundo insight. Lo insight, en esta etapa, no tiene ningún objeto particular del cual ser consciente. En este sentido, es un Vacío.

---

227 *Agendas,* 21-5-96.

228 *Agendas,* 28-2-74.

Cuando la mente personal se despoja de sus recuerdos y anticipaciones, cuando todas las impresiones sensoriales y pensamientos se desprenden por completo de ella, entonces entra en el reino de la Nada vacía e innombrable. Es realmente una especie de autocontemplación. Pero este yo no es finito e individual, es cósmico e infinito.[229]

Cuando comprendamos esta verdad (mentalismo), comprenderemos que el Yo Superior está siempre presente con nosotros y que esta presencia es más inmediata e íntima que cualquier otra cosa en la vida.[230]

229 *Agendas*, 23-8-8.

230 *Agendas*, 21-5-125.

CAPÍTULO VII

ADVERTENCIAS SOBRE EL CAMINO CORTO

Los defensores del Camino Corto enseñan que, entrando en él, cesa toda necesidad de los procesos laboriosos y disciplinas del Camino Largo. Tienen razón. Pero rara vez tienen razón cuando se trata de aplicar esta afirmación a casos individuales, pues en ese caso, casi siempre se aplica prematuramente. Los resultados son entonces, como mucho, desastrosos, por lo menos decepcionantes.[231]

La mayoría de los principiantes no suelen estar preparados para el Camino Corto en su totalidad. No deberían intentar más que sus prácticas más simples, como aquellas relacionadas con el recuerdo de la Búsqueda y el recuerdo del Yo Superior. Si intentan los ejercicios más avanzados, como la autoidentificación con el Yo Superior o el cultivo de la actitud que rechaza la realidad del mal, es probable que se coloquen en una posición falsa, autoengañada. Es decir, el intento de ignorar el ego no lo erradica, sino que simplemente altera su patrón. Si parece estar ausente porque lo divino está presente, la transformación ha tenido lugar en la imaginación, no en la realidad. Sería mejor posponer la parte avanzada hasta que hayan hecho suficiente trabajo preparatorio

231 *Agendas,* 23-4-149.

en el Camino Largo, y así hayan limpiado sus emociones, desarrollado controles mentales y equilibrado su temperamento.[232]

El Camino Largo es indescriptiblemente fastidioso, mientras que el Camino Corto es gloriosamente atractivo. El primero está asociado con el esfuerzo y el sufrimiento; su emblema es la Cruz. El otro está asociado con la paz y la alegría; su emblema es el Sol. Sin embargo, aquellos que abandonen prematuramente el uno por el otro encontrarán sus esperanzas frustradas al final, por muy entusiasta y arrebatada que pueda ser la experiencia al principio. Esto se debe a que la Naturaleza, el Yo Superior, no les permitirá disfrutar permanentemente de lo que debe ser llevado a cada parte de su ser, adecuadamente limpiado y preparado para asimilarlo, con el ser mismo debidamente equilibrado para soportar la experiencia de la asimilación sin estimular al ego.[233]

Aquellos que no están calificados para el Camino Corto, que llegan a él para escapar de las tediosas disciplinas del Camino Largo, que quieren una iluminación repentina y rápida sin tener que pasar por las gradaciones de prepararse lentamente para ello, suelen encontrarse retrocediendo al final.[234]

Existen ciertos otros peligros a los que están expuestos los entusiastas de los diversos Caminos Cortos. Leen libros dedicados a descripciones de los logros y metas y quedan cautivados por lo que leen y encantados por lo que se les enseña. Entonces comienzan a imitar lo que pueden y a imaginar lo que no pueden. Al final caen en fantasías centradas en el ego y engaños fomentados por el ego. Creen que han alcanzado un logro más exaltado

232 *Agendas,* 23-2-3.

233 *Agendas,* 23-2-1.

234 *Agendas,* 23-2-99.

de lo que realmente es. Pero este egoísmo espiritual disfrazado es tan sutil que son completamente inconscientes de su peligro hasta que el desastre los desinfla.[235]

El peligro de volverse demasiado centrado en sí mismo existe en el Camino Largo, pero el peligro de deificar el yo existe en el Camino Corto.[236]

Si uno comienza con el Camino Corto, puede sentir que todo lo que logra es un logro propio y, así, sutil e insidiosamente, su ego reafirmará triunfalmente, o mantendrá, su supremacía. Pero si comienza con el Camino Largo y, después de todos sus esfuerzos, llega a un resultado no concluyente, la consiguiente desesperación puede aplastar su ego y señalar su dependencia y necesidad de la Gracia.[237]

La introducción del Camino Corto no debe ser inoportuna; no debe ser introducida hasta que se haya realizado suficiente trabajo para preparar una base moral e intelectual para uno, y se haya asegurado suficiente equilibrio. Solo entonces se hará realidad su capacidad para conducir al buscador hacia el glorioso clímax de su búsqueda. Si se introduce demasiado pronto, simplemente estimula el egoísmo, anima el orgullo intelectual o simula la iluminación.[238]

El intento de ignorar el orden de desarrollo en la Búsqueda, de saltar de las etapas más bajas a las más altas, de pasar por alto todas las intermedias, es un intento de obtener algo a cambio de nada.

---

235 *Agendas,* 23-2-47.

236 *Agendas,* 23-5-34.

237 *Agendas,* 23-5-103.

238 *Agendas,* 23-2-2.

No puede tener éxito. Pues el influjo del Espíritu necesita un cáliz lo suficientemente limpio como para ser apto para él, lo suficientemente grande como para contenerlo. ¿Qué sucedería si el influjo se vertiera en un recipiente sucio, agrietado, diminuto y débil?[239]

Hay que tener en cuenta e incluso proclamar los peligros inherentes al Camino Corto. La autoidentificación con lo divino lleva a la idea de que, puesto que lo divino es libre de pecado, el practicante también es libre de pecado y todo lo que hace es correcto. Tal idea solo puede venir a aquellos que inconscientemente buscan excusas para justificar la satisfacción de sus deseos. Para ellos, el Camino Largo, con sus exhortaciones al autocontrol y a la autodisciplina, es algo que hay que evitar. Otro peligro es la creencia engreída de que, puesto que lo divino está siempre presente, la meta ha sido alcanzada y no se necesita hacer nada más: ni ejercicios, ni estudio, ni meditación, y por supuesto, ningún régimen ascético. Estos peligros fueron parte de las razones por las que, en tiempos pasados, la enseñanza oculta no era comunicada a ninguna persona hasta que su carácter fuera secreta y cuidadosamente probado en cuanto a madurez y su mente fuera probada en cuanto a aptitud. Esta precaución existía tanto en los círculos cristianos como en los hindúes. Hoy en día, dado que en gran medida [la enseñanza oculta] ha sido develada, los resultados se pueden observar tanto en Occidente como en Oriente, entre individuos solitarios y desconocidos, así como entre sectas prodigadas. Se pueden ver en el desorden mental y la licencia inmoral, en el parloteo como un loro y en el engaño charlatán.[240]

Aquellos que se impacientan con las restricciones, los trabajos y las disciplinas del Camino Largo pueden emprender

239 *Agendas,* 23-4-33.

240 *Agendas,* 23-2-7.

prematuramente el Camino Corto. El resultado, como se ve en el caso de personas jóvenes, no es saludable. Se embriagan con su nueva libertad y pueden entregarse sin restricciones a la bebida, las drogas, el sexo y el desaliño general en el habla, los modales y el vestir. La ausencia de la idea del pecado en su perspectiva puede producir una irresponsabilidad peligrosa para ellos mismos y perturbadora para la sociedad.[241]

Las escuelas del Camino Corto tienen razón al afirmar que si logramos el Yo Superior, también lograremos la pureza de corazón y la bondad de carácter que lo acompañan. Pero omiten señalar que tal logro será bastante temporal si no somos capaces de permanecer en el Yo Superior.[242]

Sin esta conquista de la naturaleza inferior, ninguna iluminación puede permanecer duradera o sin mezclarse. Y sin disciplinas adecuadas, tal conquista no es posible. Ésta es una de las razones por las que no es suficiente recorrer el Camino Corto.[243]

La afirmación de que si se encuentra el verdadero yo, todas las cualidades y atributos que le pertenecen también se encontrarán, de manera natural y automática al mismo tiempo, es válida. ¿Cómo podrían las cualidades y atributos de la naturaleza inferior prosperar o incluso existir en ese aire enrarecido? Serían instantáneamente desplazados por los superiores. Pero lo que los autores de esta afirmación pasan por alto, o desconocen, es que el período de tal desplazamiento sería, y podría ser, solo temporal. "La naturaleza nunca salta hacia lo que eventualmente producirá", anuncia Goethe, y con razón. Tan pronto como el ímpetu

241 *Agendas,* 23-2-36.

242 *Agendas,* 23-2-53.

243 *Agendas,* 23-5-171.

que lo lanzó a las aguas profundas del Espíritu se agote, como debe suceder si aún no está purificado, preparado y desarrollado, el hombre será arrojado de regreso al lugar al que pertenece. Su iluminación no tendrá base suficiente para establecerse de forma segura y por lo tanto, resultará ser solo un vislumbre pasajero.[244]

Aferrarse a esta conciencia del Yo Superior automáticamente trae consigo control sobre los apetitos y deseos del cuerpo. Este es uno de los beneficios del éxito en el Camino Corto pero ese control fácil y espontáneo no dura más que la conciencia.[245]

No hay necesidad de pensar dos veces para entender que esta es una doctrina peligrosa. Si un individuo cree que ya es divino y que no tiene nada más que ganar en ese sentido, le esperan trampas: primero, el autoengaño que lleva a la arrogancia espiritual; segundo, la indolencia que lleva a la falta de esfuerzo por purificar el carácter y mejorar la mente. El resultado podría ser una vida de autocomplacencia en la ilusión, muy lejos de la realidad divina que se supone que es. De tales ilusiones surgen los ambiciosos líderes de pequeños grupos o grandes movimientos, que afirman tener un conocimiento especial, poder, visión, autoridad, e incluso mesianismo.[246]

El devoto del Camino Corto que cree que no tiene nada que hacer y que puede dejarlo todo en manos del maestro, o del Yo Superior, cree erróneamente. Tal ociosidad espiritual puede adormecerlo agradablemente hasta llevarlo a un leve contentamiento, pero esto no es lo mismo que la verdadera paz interior que se logra enfrentando con la actitud correcta las dificultades

---

244 *Agendas,* 23-2-41.

245 *Agendas,* 23-2-9.

246 *Agendas,* 23-2-4.

que surgen, o manteniendo la voluntad personal sumisa durante las pruebas y la obediencia durante las tentaciones.[247]

Es comprensible que los aspirantes quieran ahorrarse los esfuerzos que demanda el Camino Largo y prefieran recibir la Gracia suficiente para otorgarles las anheladas experiencias superiores. Pero si convierten la existencia del Camino Corto en una excusa para evitar estos esfuerzos, es poco probable que logren lo que desean.[248]

Cuidado con perder el equilibrio en el estudio de la verdad metafísica o en la práctica del Camino Corto, de imaginar que estás superando el intelecto y obteniendo iluminación espiritual. Cuidado con emborracharte intelectualmente con tu propia autoimportancia y de intoxicarte emocionalmente con tu propia autoglorificación. Tal estudio puede ser muy estimulante. Cuidado con llegar a creer que has encontrado lo Divino en un solo destello, de la noche a la mañana. ¿Realmente te has convertido en Dios? ¿Es realmente tuya la omnipotencia?[249]

No lo ha alcanzado quien asume la conciencia de que lo ha alcanzado, pues esta misma conciencia oculta astutamente al ego y lo entrega a su poder. Solo es realización lo que es natural, espontáneo, no forzado, inconsciente[250] y no anunciado, ya sea para el individuo mismo o para los demás.[251]

---

247 *Agendas,* 23-2-46.

248 *Agendas,* 23-2-31.

249 *Agendas,* 23-2-39.

250 Aquí el término "inconsciente" se emplea en el sentido de "no reconocerlo", en el mismo sentido en que una persona realmente humilde sería incapaz de reconocerse como tal. [N.E.]

251 *Agendas,* 25-2-85.

Es una falacia pensar que este desplazamiento del yo inferior provoca su completa sustitución por la Deidad infinita y absoluta. Esta falacia es antigua y común en los círculos místicos y conduce a fantásticas declaraciones de autodeificación. Si el yo inferior es desplazado, no es destruido. Sigue viviendo, pero en estricta subordinación al Yo Superior, el alma divina del individuo; y es este último, no el principio divino del mundo, el que es el verdadero elemento desplazador.[252]

Se consideran libres de la posibilidad de cometer pecado, puesto que están unidos a la conciencia divina. No consideran los códigos morales de la sociedad como obligatorios para ellos, puesto que son una ley para sí mismos. Lo que sea que hagan, solo puede ser correcto. Los peligros aquí son, por supuesto: primero, que el deseo del ego puede confundirse muy fácilmente con la ordenanza divina; y segundo, que toda las cosas están permitidas. Como sienten que están en un estado de gracia, ya no hay ningún poder controlador que juzgue, critique o frene sus actos, ninguna ayuda exterior que los advierta cuando se desvían peligrosamente.[253]

El Camino Corto conduce a una felicidad continua, pues se niega a mirar las penas del mundo y los propios problemas, y mira alegremente más allá de ellos hacia la bienaventuranza eterna e impersonal. Pero como solo puede hacer esto teóricamente, pues la realización depende de la Gracia, la felicidad puede desaparecer un día cuando los hechos choquen con la fe.[254]

---

252 *Agendas,* 25-2-198.

253 *Agendas,* 23-2-20.

254 *Agendas,* 23-2-16.

Dado que el bien y el mal no tienen ningún significado en el plano donde no hay oposición, ni lucha entre ellos, el individuo "iluminado" que enseñó a otros a ignorar esta oposición y abandonar esta lucha, que les dijo que hacer lo que quieran es la totalidad de la ley, demostraría así su propia falta de iluminación. En otras palabras, sería un impostor peligroso o un mero intelectual.[255]

Es un asunto que llama la atención del observador atento que, en grupos o sociedades, en ashrams o instituciones, donde lo que se practica corresponde al Camino Corto –por más incompleta e imperfecta que sea– los resultados son muy variados y, a menudo, desalentadores para los líderes. Donde no se hace ningún intento por introducir el trabajo correctivo del Camino Largo, donde no hay un esfuerzo por la autosuperación, el final es confuso: algunas satisfacciones, pero más decepciones.[256]

LA SOLUCIÓN FILOSÓFICA: EQUILIBRAR LOS CAMINOS

Los defensores del Camino Largo afirman que la mente debe ser entrenada y el corazón debe ser purificado antes de que la iluminación sea posible. Los defensores del Camino Corto afirman que es suficiente negar el ego y afirmar el yo más elevado. El filósofo estudia los hechos revelados por la observación y la investigación y concluye que los métodos de ambas escuelas deben unirse pues la iluminación no solo ha de alcanzarse de manera duradera, sino que tampoco debe quedarse corta de su estado perfecto.[257]

---

255 *Agendas,* 23-2-17.

256 *Agendas,* 23-5-149.

257 *Agendas,* 23-5-166.

El camino doble es indispensable: por un lado, el camino del esfuerzo propio, trabajando para superar el ego, y por otro, el camino de la Gracia, buscando constantemente recordar tu verdadera identidad en el Yo Superior.[258]

¿Cómo puede una persona expresarse plenamente a menos que se desarrolle plenamente? La evolución espiritual que nos exige abandonar el ego corre paralela a la evolución mental que nos exige perfeccionarlo.[259]

La Búsqueda utiliza todo el ser de uno y cuando llega la iluminación, todas las partes son iluminadas por ella. Para prepararse para esto, uno debe continuar con las oraciones que lo hacen humilde para recibir la Gracia, el ejercicio del recuerdo repentino del Yo Superior, la entrega de la naturaleza inferior a la Superior, y el anhelo incesante por la Realidad.[260]

Si pensamos, "me esfuerzo por ser uno con Dios" o "soy uno con Dios", hemos negado inconscientemente la afirmación misma porque hemos establecido y mantenido inconscientemente dos cosas, el "yo" y "Dios". Si estos dos existen en última instancia como cosas separadas, siempre existirán como tales. Sin embargo, si realmente entran en unión, entonces deben haber estado siempre en unión y nunca separados. En ese caso, la búsqueda del Yo Superior por parte del yo inferior es innecesaria. ¿Cómo pueden resolverse estas dos situaciones opuestas? La respuesta es que la relatividad nos ha enseñado la necesidad de un doble punto de vista, uno relativo y práctico y en constante cambio, el otro absoluto y filosófico y para siempre inmutable.

---

258 *Agendas,* 23-5-193.

259 *Agendas,* 8-1-158.

260 *Agendas,* 2-5-70.

Desde el primer punto de vista vemos la necesidad y debemos obedecer el impulso de emprender esta búsqueda en todos sus detalles prácticos y etapas sucesivas. Desde el segundo, sin embargo, vemos que toda la existencia, incluida la nuestra –seamos conscientes de ello o no– habita en un Ahora intemporal e inmóvil, un Aquí inmutable y sin acción, un Vacío sin cosas y sin ego. El primero nos invita a trabajar y trabajar arduamente en el autodesarrollo en la meditación, la metafísica y la actividad altruista, pero el segundo nos informa que nada de lo que hagamos o dejemos de hacer puede elevarnos a una región en la que ya estamos y en la que estaremos siempre, en cualquier caso. Y porque somos lo que somos, porque somos Esfinges con cabezas angelicales y cuerpos animales, nos vemos obligados a mantener ambos puntos de vista lado a lado. Si queremos pensar con verdad y no solo con medias verdades, debemos hacer que ambos extremos se encuentren. Es decir, ninguno puede afirmarse por sí y ninguno puede negarse por sí solo. Es más fácil experimentar esta cualidad que comprenderla.

Esto es realmente desconcertante y nunca podrá ser fácil, pero entonces, si la vida fuera sencilla y menos paradójica de lo que es, todos sus problemas principales no habrían preocupado a los hombres más sabios desde la más remota antigüedad hasta hoy. Tal es la paradoja de la vida y es mejor que la aceptemos. Es decir, no debemos sostener un punto de vista en detrimento del otro. Estos dos puntos de vista no necesitan oponerse entre sí, sino que pueden existir en un estado de reconciliación y armonía cuando se comprende su necesidad mutua. Tenemos que recordar tanto aquello que está en continuo devenir como lo que siempre está siendo. Ya somos tan eternos, tan inmortales, tan divinos como siempre lo seremos. Pero si queremos ser conscientes de ello,

¿por qué entonces debemos descender al punto de vista inferior y proseguir la búsqueda con esfuerzo y limitación?[261]

Los vedantinos, los budistas zen, los científicos cristianos e incluso, hasta cierto punto Ramana Maharshi y Sri Krishna Menon, dijeron que la autoidentificación con la Realidad, pensar en esta identificación constantemente, sería suficiente para alcanzar la meta espiritual. Esto se llama el Camino Corto. Las escuelas opuestas del Yoga de Pantajali, los estoicos romanos y los budistas del Sur rechazan esta afirmación y dicen que es necesario adelgazar el ego y purificar la mente gradualmente a través de disciplinas, ejercicios y prácticas. Esto se llama el Camino Largo. El Método Filosófico consiste en combinar ambas escuelas de pensamiento sintéticamente, con la explicación de que ambas son necesarias para completarse mutuamente: y que depende de la etapa en la que se encuentre el aspirante en cuanto a qué escuela es necesario enfatizar personalmente. Los principiantes necesitan dar más peso al arduo esfuerzo de la escuela de Yoga; pero las personas avanzadas necesitan darle más peso al punto de vista del Vedanta, porque en su caso gran parte del adelgazamiento del ego y la limpieza mental y emocional ya se han realizado.[262]

Aquellos que dependen únicamente del Camino Corto sin estar totalmente listos para ello, dan demasiadas cosas por sentado y exigen demasiado. Esto es arrogancia. En lugar de abrir la puerta, tal actitud solo consigue cerrarla aún más. Aquellos que dependen únicamente del Camino Largo cargan demasiado sobre sus hombros y se sobrecargan con un trabajo de purificación que ni siquiera una vida entera puede completar. Esto es futilidad. Les hace evolucionar a un ritmo más lento. El procedimiento más

261 *Agendas,* 19-2-5.

262 *Agendas,* 23-5-150.

sabio y filosófico es acoplar el trabajo en ambos caminos en un ritmo regularmente alternado, de modo que durante el transcurso de un año comienzan a aparecer dos tipos de resultados totalmente diferentes en el carácter y el comportamiento, en la conciencia y la comprensión. Después de todo, vemos este ciclo en todas partes en la Naturaleza, y en todas las demás actividades ella nos obliga a adaptarnos a él. Vemos la alternancia del sueño con la vigilia, del trabajo con el descanso, y del día con la noche.[263]

Ramana Maharshi tenía toda la razón. Podar el ego de algunas faltas solo será seguido por la aparición y el crecimiento de nuevas faltas. ¿De qué sirve mientras el ego permanezca vivo? De ahí el fracaso de la historia moral de la humanidad para mostrar algún progreso real en los últimos tres mil años, a pesar del trabajo de Buda, Jesús y otros Mesías. El rumbo correcto, que siempre ha sido válido para el individuo, es igualmente válido para toda la humanidad: llegar a la raíz, la fuente, el ego mismo. Pero, aunque Maharshi tenía razón, su enseñanza solo ofrece una parte del cuadro de la Verdad. Presentada por sí sola, y sin la otra parte, no solo es incompleta, sino que incluso puede llegar a ser engañosa. Por sí sola parece indicar que no hay necesidad de trabajar en nuestras debilidades específicas, que podemos dejarlas intactas mientras nos concentramos en lo esencial: arrancar de raíz el ego. Pero ¿dónde están los buscadores que puedan erradicarlo de manera inmediata y exitosa? Porque la misma fuerza de propósito y el poder de concentración necesarios para este desarraigo se verán socavados por sus faltas.[264]

Cuando el Yo Superior está presente en la conciencia de un individuo, está presente en todos sus pensamientos y acciones.

263 *Agendas,* 23-5-159.

264 *Agendas,* 23-5-183.

Entonces están bajo Su dominio, proceden de Él. El individuo no tiene que buscar ninguna virtud en particular, pues todas pueden surgir y surgirán por sí solas, según sea necesario. Solo entonces cualquier virtud está sólidamente establecida. Pero hasta que esta presencia esté permanentemente asegurada, sería una tontería dejar de trabajar sobre uno mismo, de corregirse, de mejorarse. Un conocimiento meramente intelectual y teórico de esta doctrina es insuficiente. Es necesario, hasta entonces, practicar una coexistencia de los Caminos Corto y Largo.[265]

Es muy cierto, como dicen los defensores extremistas del Camino Corto, que esto es todo lo que realmente se necesita, que no se requiere meditación (en el sentido ordinario), ni disciplina, ni esfuerzo moral, ni estudio para alcanzar la iluminación. Ahora somos tan divinos como siempre lo seremos. No hay nada que añadir a nosotros; no es posible ninguna evolución o desarrollo de nuestro yo real. Pero lo que estos defensores pasan por alto es que, en ausencia de los trabajos mencionados, el Camino Corto solo puede tener éxito si se cumplen ciertas condiciones esenciales. En primer lugar, se debe encontrar a un maestro que enseñe. No será suficiente encontrar a un hombre iluminado. Sentiremos paz y elevación en su presencia, pero éstas se desvanecerán al dejar su presencia. Un hombre así será un fenómeno para admirar y una inspiración para recordar, no un guía para instruir, advertir y guiar paso a paso. En segundo lugar, debemos ser capaces de vivir continuamente con el maestro que enseña hasta que hayamos terminado el estudio y alcanzado la meta. Pocos aspirantes tienen la libertad para cumplir con la segunda condición, pues las circunstancias son difíciles de controlar, y menos aspirantes aún tienen la buena fortuna de cumplir con la primera, ya que

265 *Agendas,* 23-5-155.

un maestro competente, dispuesto y en las circunstancias adecuadas es una rareza. Éstas son dos de las razones por las cuales la filosofía afirma que una combinación de los Caminos Largo y Corto es el único medio práctico que un aspirante occidental moderno puede adoptar. Si, atraído por la promesa de un logro repentino o de un viaje fácil, descuida el Camino Largo, el paso del tiempo lo llevará al autoengaño, la frustración, la decepción o la decadencia moral. Porque sus características negativas se alzarán y lo dominarán, la falta de preparación y desarrollo le impedirá realizar en la experiencia las enseñanzas de alto nivel que está tratando de hacer suyas, mientras que la imposibilidad de equilibrarse en tales circunstancias lo desestabilizará o le privará de cualquier logro que aún pueda obtener.[266]

266 *Agendas,* 23-5-151.

CAPÍTULO VIII

PRÁCTICAS PARA EL CAMINO CORTO

PRACTICAR EL CAMINO CORTO es estar consciente del milagro que implica cada momento de la vida.[267]

El Camino Corto se contenta con los ejercicios realizados por el bien de sí mismos, no por los resultados que traen. Esto es lo opuesto al Camino Largo, que los practica por los resultados, y está apegado a esos resultados.[268]

Hay tres etapas progresivas en esta técnica. En la primera, el estudiante se prueba a sí mismo, siguiendo la guía del maestro, acerca de que el ego es ficticio e ilusorio. En la segunda, se concentra diligentemente en las técnicas de meditación del Camino Corto para excavar debajo del ego y escapar de él. En la tercera, se prueba a sí mismo el hecho de la No-dualidad, que solo existe la existencia de la Mente Única.[269]

Se pueden usar diferentes términos para rotular esta realización singular. Es insight, despertar, iluminación. Es Ser, Verdad,

267 *Agendas,* 23-1-115.

268 *Agendas,* 23-5-99.

269 *Agendas,* 23-6-1.

Conciencia. Es Discriminación entre el Vidente y lo Visto. Es la conciencia de Aquello Que Es. Es la Práctica de la Presencia de Dios. Es el Descubrimiento de la Atemporalidad. Todas estas palabras nos dicen algo, pero todas se quedan cortas y no nos dicen lo suficiente. De hecho, son solo indicios de que no pueden ir más allá: no están en absoluto en su nivel ya que es el Toque de lo Intocable. Pero no importa; simplemente juega con tales ideas si quieres. Reflexiona y muévete entre ellas. ¿Quién sabe qué puede suceder un día? Tal vez si te vuelves lo suficientemente quieto, tú también puedas saberlo, como sugiere la Biblia.[270]

La última fase del Camino Corto no tiene ningún procedimiento especial, ningún método especializado. La Vida es su Camino, o, como dijo el sabio chino, "la vida común es el Tao."[271]

AMOR Y DEVOCIÓN

Jesús pidió a sus oyentes que abandonaran sus egos si querían encontrar el Yo Superior. Pero ¿cómo puede un hombre abandonar aquello que ha amado durante tanto tiempo, tan íntimamente y con tanto ardor? ¿Qué debe hacer, en detalles definidos y precisos?[272]

La sensación de estar aislado, la sensación de caminar por un sendero solitario es verdadera en el exterior, pero falsa en el interior. Porque allí, en su interior, está acompañado por el amor tierno y siempre atrayente del Yo Superior. Solo tiene que

270 *Agendas,* 1-5-172.

271 *Agendas,* 23-5-226.

272 *Agendas,* 8-4-199.

tantear en su interior lo suficiente para saberlo por sí mismo, y para saberlo con absoluta certeza.[273]

La manera de ser admitido a la presencia del Yo Superior puede resumirse en una sola frase: amarlo. No se puede obtener la admisión respirando muy fuerte ni exhalando muy lentamente, no poniéndose de cabeza, ni contorsionándose como una rana. Ni siquiera mediante un estudio prolongado de las cosas divinas ni mediante un profundo análisis de ellas. Pero dejemos que el amor venga primero, que inspire la respiración, el soplo, el ponerse de pie o contorsionarse, que lo lleve al estudio y lo impulse a pensar, y entonces estos métodos serán realmente fructíferos.[274]

El amor tendrá que entrar en su búsqueda en algún momento: el amor por el Yo Superior. Porque es a través de esta fuerza unificadora que al final se efectuará su transformación.[275]

Su deber personal es crecer espiritualmente todo lo que pueda y lo más rápidamente posible. Debe concentrarse en sí mismo, pero siempre teniendo en el fondo de su mente la idea de que un día estará en condiciones de servir a los demás y hacer algo por ellos también. El crecimiento espiritual implica prácticas de meditación mantenidas tan regularmente como sea posible, estudio metafísico, cultivo de la intuición, y el encendido de un amor cada vez mayor por el alma divina, el verdadero "Yo". Esta alma es el rayo de Dios reflejado en él y está lo más cerca de Dios a lo que alguien puede llegar jamás. Dios es demasiado grande, demasiado infinito, para ser comprendido completamente; pero el Yo Superior, que es el representante de Dios aquí,

273 *Agendas,* 1-3-321.

274 *Agendas,* 18-1-78.

275 *Agendas,* 18-1-91.

sí puede comprenderse. Solo que se espera hasta que él lo anhele tan ardientemente como el joven más enamorado anheló a su amada. Quiere que él lo quiera por su propio bien, y porque ha visto a través de todos los valores materiales y comprende cuán imperfectos son en comparación. Por lo tanto, debe cultivar este amor sincero hacia lo que es su "yo" más íntimo y no debe dudar en orar por su Gracia o incluso llorar por ella. Debe entregarle interior y secretamente todos los deseos del ego.[276]

El por qué debería ser necesaria la purificación del carácter para contactar con lo que parece estar por encima de nuestras características humanas inferiores es, de hecho, una paradoja que solo el Yo Superior puede responder. Quizás sea una prueba de nuestra devoción, pues se sabe que el Yo más elevado no entregará sus revelaciones a nadie que no lo ame completamente. La purificación es simplemente la expulsión de los amores menores por causa de este Amor supremo.[277]

Si hay alguna ley relacionada con la Gracia, es que, en la medida que damos amor al Yo Superior, así recibimos gracia de él. Pero ese amor debe ser tan intenso, tan grande, que voluntariamente le sacrifiquemos tiempo y pensamiento en una medida que muestre cuánto significa para nosotros. En resumen, debemos dar más para recibir más. Y el amor es lo mejor que podemos dar.[278]

Si pocos alcanzan la maravilla de la conciencia del Yo Superior, es porque pocos pueden elevar sus mentes al nivel de la impersonalidad y el anonimato. Pero lo que nadie puede hacer con su mente, puede hacerlo mucho más fácilmente con sus corazones.

---

276 *Agendas,* 2-5-61.

277 *Agendas,* 6-1-160.

278 *Agendas,* 18-5-209.

Que se acerquen envueltos en amor, y la Gracia saldrá a su encuentro. Por su poder, el ego al que no pudieron renunciar será olvidado.[279]

¿Por qué el Yo Superior no muestra su existencia y exhibe su poder de una vez por todas? ¿Por qué permite que continúe este largo tormento del ser humano, dejado a vivir en la ignorancia y la oscuridad? Todo lo que el ego puede ganar al experimentar su variada evolución está envuelto en la respuesta. Esto lo hemos considerado en *La Sabiduría del Yo Superior* y *La Crisis Espiritual del Hombre*. Pero hay algo más que añadir a esa respuesta. El Yo Superior espera con la más profunda paciencia que él –el ser humano– lo prefiera completamente a todo y a todos los demás. Espera el momento en que los anhelos por el alma no dejen descansar al verdadero aspirante, cuando el amor por lo divino perdure y supere a todos los demás amores. Cuando sienta que lo necesita más que a cualquier otra cosa en este mundo, el Yo Superior le revelará infaliblemente su presencia. Por lo tanto, una devoción anhelante es una de las cualidades más importantes que puede poseer.[280]

Primero, uno tiene un vago sentimiento de ser atraído hacia el Yo Superior. Luego, presta más atención a él, piensa en él con frecuencia; con el tiempo la atención se convierte en concentración y esto, a su vez, culmina en absorción. Al final, puede decir, con Al Hallaj: "No vivo en mí mismo, solo en Ti. Anoche amé. Esta mañana soy Amor".[281]

---

279 *Agendas,* 22-5-32.

280 *Agendas,* 18-1-76.

281 *Agendas,* 1-5-329.

Aunque debería dar lo mejor de sí mismo a la vida exterior, no debería entregarse a ella por completo. En algún lugar dentro de su corazón debe mantener una cierta reserva, una independencia espiritual. Es aquí, en este lugar secreto, donde debe apreciarse, amarse y entregarse al valor supremo del Yo superior.[282]

El amor que uno debe llevar como ofrenda sacrificial al Yo Superior debe tomar precedencia sobre todos los demás amores. Debe penetrar el núcleo del corazón a una profundidad donde el mejor de ellos no logra llegar.[283]

La atracción personal y el afecto por el hombre Jesús pueden convertirse útilmente en un foco de meditación. Meditar sobre el carácter, el ejemplo y la enseñanza de su Guía espiritual ha sido durante mucho tiempo un camino estándar en el misticismo. Culmina en una jubilosa unión espiritual, momento en el cual el estudiante se vuelve consciente de que la presencia viva de su Guía elegido ya no está separada de él mismo: su Yo Real. Esto es lo que Jesús quiso expresar cuando dijo: "Yo y mi Padre somos Uno". Es, de hecho, uno de los caminos más cortos hacia la Meta.[284]

El amor por el Yo Superior es el caballo más veloz que puede llevarnos al destino celestial. Porque cuanto más lo amamos, menos amamos al ego y sus maneras.[285]

---

282 *Agendas,* 24-3-14.

283 *Agendas,* 18-1-82.

284 *Agendas,* 4-5-123.

285 *Agendas,* 18-1-93.

Cuanto más amor pueda uno aportar a esta práctica, más posibilidades tendrá de tener éxito en ella. Si aún no puede sentir ningún amor por el Yo Superior, entonces que aporte alegría a ella, la alegría de saber que está en el viaje más valioso de la vida.[286]

¿QUIÉN SOY YO?

La pregunta "¿Quién soy yo?" se hace en algún lugar de ese monumental libro antiguo, el *Yoga Vasistha*. Siglos más tarde, San Francisco la incluyó a menudo en sus oraciones. Pero Sri Ramana Maharshi le dio importancia central en sus consejos a los buscadores espirituales y meditadores.[287]

Hay algo en cada ser humano que dice "yo". ¿Es el cuerpo? Normalmente él piensa que sí. Pero si uno pudiera establecer un análisis más profundo, descubriría que la conciencia lo llevaría lejos del cuerpo-pensamiento y hacia sí misma. Allí, en su propia existencia pura, encontraría la respuesta a su pregunta, "¿Quién soy Yo?"[288]

Sigue el "yo" de vuelta a su santa fuente.[289]

Si intenta percibir la mente por la cual percibe el mundo, estará practicando la técnica más corta y directa para descubrir el Yo Superior. Esto es lo que Ramana Maharshi quiso decir cuando enseñó, "rastrea el 'yo' hasta su fuente".[290]

286 *Agendas,* 4-2-296.

287 *Agendas,* 23-6-106.

288 *Agendas,* 8-1-67.

289 *Agendas,* 23-7-220.

290 *Agendas,* 22-5-6.

El tipo común de meditación busca escapar del intelectualismo desde el principio, mientras que el tipo metafísico lo utiliza desde el principio. Aunque es analítico, no se limita a la actividad cerebral; también conjuga el sentimiento, pues busca una experiencia además de la comprensión. Por lo tanto, en el trabajo de "¿Quién soy Yo?" se mueve con todo el ser y con toda su intensidad.[291]

Cuando empiezas a buscar al Conocedor, que está dentro de ti, y a separarte de lo visto, que está tanto fuera como dentro de ti, comienzas a pasar de la ilusión a la realidad.[292]

DESCUBRE LA QUIETUD

Uno comprenderá el verdadero espíritu de la meditación cuando comprenda que no tiene que hacer nada en absoluto, simplemente quedarse quieto física, mental y emocionalmente. Pues, en el momento en que intenta hacer algo, él se entromete con su ego. Al permanecer sentado quieto, interior y exteriormente, renuncia a la acción egoísta y, por lo tanto, implica que está dispuesto a entregar su pequeño yo a su Yo Superior. Demuestra que está dispuesto a hacerse a un lado y dejarse trabajar, actuar a través de él y ser guiado por un poder superior.[293]

En la medida en que una persona se mantenga interiormente quieta, en esa misma medida se despliega a sí misma y permite que el siempre perfecto Yo Superior brille.[294]

---

291 *Agendas,* 4-4-62.

292 *Agendas,* 22-5-15.

293 *Agendas,* 23-7-238.

294 *Agendas,* 24-4-93.

Al contemplar profundamente la belleza de la Naturaleza a nuestro alrededor, como algunos de nosotros lo hemos hecho, es posible deslizarse en una quietud en la que nos damos cuenta de que nunca hubo un pasado, sino siempre el AHORA –la Conciencia siempre presente y atemporal– toda paz, toda armonía; que no hay pasado: solo lo eterno. ¿Dónde están entonces las sombras de la negatividad? ¡No existen! Esto puede suceder si nos olvidamos del yo, con su punto de vista estrecho, y nos entregamos a lo impersonal. En esa breve experiencia no hay conflicto que perturbe la mente.[295]

Al buscador de la Quietud se le debe decir que la quietud siempre está ahí. De hecho, está en cada individuo. Pero primero debe aprender a dejarla entrar y, segundo, aprender cómo realizarla. El primer comienzo de esto es recordar. El segundo es reconocer la atracción interior. Por lo demás, la Quietud misma lo guiará y lo conducirá hacia sí misma.[296]

El recuerdo continuo de la Quietud, acompañado por la entrada automática en ella, es la suma y sustancia del Camino Corto, la práctica clave para el éxito. Esto debe hacerse en todo momento y bajo todas las circunstancias. Es decir, realmente pertenece a y es parte de la existencia rutinaria y normal de la vida. En consecuencia, siempre que se olvide, el practicante debe notar su fracaso y corregirlo de inmediato. El trabajo interior se mantiene hasta que continúe por sí mismo.[297]

Cada vez que se sale de la Quietud, se necesita una llamada de atención. Esto no sucede por sí solo con facilidad o normalmente,

295 *Agendas,* 19-4-184.

296 *Agendas,* 24-4-51.

297 *Agendas,* 23-6-210.

sino mediante el autoentrenamiento, la autoobservación: la "atención plena", como Buda la llamó. El sentimiento por ella debe ser cultivado persistentemente; primero hay que traerla a la existencia, luego preservarla a todas las horas del día y en cualquier entorno en el que la persona se encuentre.[298]

El espíritu (Brahman) NO es la Quietud, sino que lo encuentran los humanos que están en la condición previa de Quietud. Esta última es su reacción humana a la presencia de Brahman entrando en su campo de conciencia.[299]

Mediante este simple acto de desaprender todo lo que sabes – todo lo que has adquirido mediante el pensamiento, el recuerdo, las mediciones, las comparaciones y el juicio–, cuando regreses al mero vaciado de la conciencia de su contenido de pensamientos e ideas, y cuando llegues a la conciencia pura en sí misma, solo entonces podrás descansar en el Gran Silencio.[300]

EL TESTIGO

El papel de uno es el de ser testigo de lo que es, de cómo se comporta, de los pensamientos que admite, como si estuviera presenciando a otra persona. Este movimiento de la persona activamente involucrada al observador que es impersonal y desvinculado incluso en medio de la acción, es el movimiento de ir a la deriva hasta el control. Debe comenzar poniendo el ego, su propio ego, como un objeto de observación. No logrará hacerlo plenamente, porque está involucrado en ambos lados –como sujeto y como objeto– pero la dirección se puede fijar

298 *Agendas,* 23-6-234.

299 *Agendas,* 24-4-5.

300 *Agendas,* 24-4-78.

y el trabajo puede comenzar. Con tiempo y práctica, estudio y reflexión, ayuda y sinceridad, se puede establecer algún tipo de impersonalidad y neutralidad. Cuando se alcanza plenamente la quietud interior, el trabajo se vuelve mucho más fácil hasta que se completa por la Gracia del Yo más elevado, el Yo Superior. Por supuesto, fuera de la meditación, uno es consciente de su cuerpo habitual; pero también es consciente de su impresionante e inspirador Yo Superior. Ve al primero (el cuerpo) como parte de un espectáculo pasajero, a ti mismo como un observador no involucrado, y detrás de ambos, el eterno Yo Superior.[301]

Desempeñar el papel de observador de la vida, de su propia vida, es ayudar en el proceso de desapegarse interiormente de ella. Y el campo de observación debe incluir los eventos mentales, así como los sucesos del pensamiento. Porque el mentalismo demuestra que en realidad son un solo mundo. Al final, todo lo que pertenece a la experiencia pertenece a la experiencia mental.[302]

La sumisión pasiva al tiempo mantiene al individuo encadenado. La meditación voluntaria sobre el observador infinito que siempre está con él y dentro de él es una rebelión que debilita cada eslabón de sus cadenas.[303]

No habría esperanza de salir jamás de esta posición centrada en el ego si no supiéramos estas tres cosas. Primero, el ego es solo una acumulación de recuerdos y una serie de anhelos, es decir, pensamiento; es una entidad ficticia. Segundo, la actividad del pensamiento puede llegar a su fin en la Quietud. Tercero, la Gracia, la radiación del Poder que está más allá del individuo,

301 *Agendas,* 23-6-97.

302 *Agendas,* 23-6-82.

303 *La Sabiduría del Yo Superior*, p. 352. Referencia a la edición original inglesa.

es siempre brillante y siempre presente. Si dejamos que la mente se aquiete profundamente y observe profundamente el instinto de autopreservación del ego, abrimos la puerta a la Gracia, que entonces nos absorbe amorosamente.[304]

La práctica del punto de vista impersonal bajo la guía del mentalismo conduce con el tiempo al descubrimiento de que el ego es una imagen formada en la mente, fabricada por la mente, una imagen con la que nos hemos entrelazado inextricablemente. Pero esta práctica comienza a desatarnos y a liberarnos.[305]

Todo esto implica que la materia también es un mito, irreal. Aún más, implica que el ego es un mito, ilusorio. Aquí, entonces, está la primera práctica del camino último: pensar constantemente en esa Mente que está produciendo el ego, todos los demás egos que nos rodean y, de hecho, todo el mundo. Continúe con esto hasta que se vuelva habitual. La consecuencia es que uno tiende con el tiempo a considerar su propio ego con total desapego, como si estuviera tratando de otra persona. Además, lo obliga a tomar la perspectiva del todo, y a ver la unidad como el ser fundamental.[306]

Cuando una persona ha practicado este ejercicio durante algún tiempo y con cierta competencia, se dará cuenta repetidamente de una curiosa experiencia. Durante unos pocos minutos como máximo, y a menudo solo por unos momentos, parecerá haber salido de su cuerpo y estar enfrentándose a sí misma, mirando su propio rostro como si fuera el de otra persona. O

304 *Agendas,* 8-4-417.

305 *Agendas,* 8-2-34.

306 Extraído de *Agendas,* 21-3-88.

parecerá estar de pie detrás de su propio cuerpo y viendo su rostro desde un ángulo lateral. Esta es una experiencia importante y significativa.[307]

La posición del observador impersonal es solo tentativa, asumida porque es una ayuda práctica, quizás a medio camino hacia la meta. Porque cuando está bien establecido en la comprensión, la perspectiva y la práctica, algo sucede por sí mismo: el observador y el ego observado con su cuerpo y su mundo quedan absorbidos por la Mente indivisa.[308]

REALIDAD ATEMPORAL

El ejercicio de tratar de atravesar el misterio del tiempo, que es un estado mental, hacia la atemporalidad, que no lo es, pertenece al Camino Corto y es importante, valioso, pero ciertamente difícil para los principiantes. Se practica confinando los pensamientos una y otra vez, durante los momentos libres y los breves períodos de ocio, al significado de la atemporalidad, del eterno ahora y de la Presencia eterna.[309]

La historia personal que ha sucedido antes, déjala ir realmente y libérate del pasado, que puede convertirse en una prisión mental para personas incautas; aprende a permanecer en lo atemporal, saliendo de él cuando los deberes lo requieran, pero aferrándose a él como el trasfondo.[310]

307 *Agendas,* 23-6-91.

308 *Agendas,* 23-6-84.

309 *Agendas,* 23-8-145.

310 *Agendas,* 24-3-227.

Nuestro mejor momento ocurre cuando olvidamos el paso del tiempo. Aquí, para aquellos que pueden apreciarlo, hay una pista sobre la naturaleza de la verdadera felicidad.[311]

Es en la plenitud del eterno presente, el eterno ahora, donde una persona puede realmente vivir feliz. Porque al buscar Aquello que le hace consciente del momento presente, al recordarlo como la esencia de su experiencia fugaz, completa esa experiencia y cumple su elevado propósito.[312]

¿Cómo podemos ganar esta libertad de la atemporalidad? Hay una manera, y es entrar en el Vacío y permanecer allí. Debemos encontrar, en resumen, el eterno Ahora.[313]

DESPERTAR DEL SUEÑO

Hay un ejercicio especial del Camino Corto que algunas personas pueden realizar fácilmente y que les da excelentes resultados, aunque a otras les resulta difícil. Consiste en no dejar que permanezca ningún registro mental particular del lugar o de las personas que nos rodean, o de cualquier experiencia física que se esté viviendo. En lugar de ello, hay que desechar firmemente la imagen mental con el pensamiento: "esto también es como un sueño", y luego olvidarla inmediatamente. El ejercicio puede mantenerse durante quince a veinte minutos a la vez. El beneficio práctico que produce es un mejor autocontrol; el beneficio metafísico es debilitar el dominio de la ilusión; el beneficio místico es

311 *Agendas,* 19-4-162.

312 *Perspectivas*, 19-30.

313 *Agendas,* 23-8-114.

permitirle asumir la actitud de Testigo más fácilmente; y el beneficio personal es hacerse un individuo más libre y feliz.[314]

Pasado, presente y futuro se convierten en meros sueños cuando se consideran en el trasfondo de AQUELLO. Si el individuo pudiera trasladar su pensamiento del yo hacia la Fuente, y seguir identificándose con eso, su conciencia se transformaría.[315]

PRESTA ATENCIÓN A LA RESPIRACIÓN

La persona que aspira a la iluminación debe ajustarse a la doble acción de la naturaleza en ella: a las respiraciones salientes y entrantes. Entonces, su iluminación, cuando sucede, debe estar allí y aquí: en la mente y en el cuerpo. Las dos juntas forman el equilibrio de la doble vida que estamos llamados a vivir: es decir, estar en el mundo y, sin embargo, no ser de él. En la prolongación de la exhalación no solo nos deshacemos del pensamiento negativo, sino también de la mundanalidad, del materialismo, de atenerse únicamente a los intereses físicos. Con la inhalación, atraemos un recuerdo positivo e inspirador de lo divino escondido en el Vacío. De este modo, estamos allí en la mente y aquí en el cuerpo. Reconocemos la verdad de la eternidad, el acto en el tiempo. Vemos la realidad del Vacío, pero también sabemos que de él surge todo el Universo.[316]

ARTE INSPIRADO

Los ejercicios de sumergirse en el disfrute de una obra artística constituyen otro método del Camino Corto, siempre que sean

---

314 *Agendas,* 23-6-95.

315 *Agendas,* 24-3-240.

316 *Perspectivas,* 5-28.

seguidos y completados por las etapas posteriores descritas en los capítulos séptimo y octavo de *La Búsqueda del Yo Superior*. Estos ejercicios serán útiles solo si la música, la literatura o la pintura son verdaderamente inspiradas.[317]

RECUERDO

Ningún otro acto es tan urgente o tan importante como éste, volverse ahora en pensamiento y recuerdo, en amor y aspiración, hacia el Yo Superior. Porque si no lo haces y te vuelves hacia ese otro acto mundano que es tan clamoroso y demandante, caes en una tensión que puede conducir al error y al consiguiente sufrimiento. Pero si te vuelves primero hacia el Yo Superior y luego actúas, te elevas hacia la calma interior y al consiguiente juicio más sabio.[318]

¿Por qué el Camino Corto debería ser un mejor medio para obtener la Gracia que el Largo Camino? No solo porque no está ocupado con el ego, sino también porque mantiene constantemente el recuerdo del Yo Superior. Lo hace con un corazón que da y está abierto a recibir amor. Piensa en el Yo Superior durante todo el día. Así, no solo se acerca a la fuente desde la cual se irradia perpetuamente la Gracia, sino que también está invitando repetidamente a la Gracia con cada recuerdo amoroso.[319]

Una de las formas más valiosas de yoga es el yoga del recuerdo constante. Su tema puede ser una experiencia mística, intuición

---

317 *Agendas,* 23-6-40.

318 *Agendas,* 13-2-225.

319 *Agendas,* 23-6-149.

o idea. En esencia, es realmente un esfuerzo por insertar la atmósfera trascendental en la vida mundana.[320]

El amoroso y adorado recuerdo del Yo Superior, el constante retorno a su memoria en medio de las distracciones del mundo, la reiteración de este pensamiento divino como un trasfondo permanente para todo otro pensamiento, es en sí mismo un camino de yoga. De hecho, es lo mismo que enseñó San Pablo cuando escribió: "orad sin cesar" y "llevad cautivo todo pensamiento a Jesucristo".[321]

La mejor manera de honrar esta inmensa verdad de la siempre presente realidad del Yo Superior es recordarla: tan a menudo, tan continuamente y tan decididamente como sea posible. No solo es la mejor manera, sino también la más gratificante. Porque entonces su Gracia salvadora puede otorgar grandes bendiciones.[322]

Ejercicios de Recuerdo Constante: el Yo Superior es un término del cual la experiencia pasada puede no proporcionar ningún significado. Pero tal vez hayas tenido momentos extrañamente hermosos en los que todo parecía estar quieto, cuando un mundo etéreo del ser parecía muy cercano de ti. Bueno, en esos momentos fuiste elevado al Yo Superior. La tarea que debes proponerte es recapturar esa bendita presencia y sentir una vez más ese hermoso interludio de quietud sobrenatural. Sin embargo, si no puedes recordar esos momentos o si, recordándolos, no puedes recuperar de nuevo su viveza y realidad, entonces hay un camino alternativo. Dedícate a recordar la imagen y la presencia

320 *Agendas,* 23-6-212.

321 *Agendas,* 23-6-237.

322 *Agendas,* 23-6-172.

de algún hombre que creas que está despierto a su conciencia del Yo Superior. Tómalo como tu gurú y, por lo tanto, como una mano extendida que puedes agarrar mentalmente y mediante la cual puedes elevarte gradualmente. Así, si el Yo Superior es una vaga abstracción para ti, él, como una persona viva a la que has conocido, no lo es. Él puede ser fácilmente para ti un foco definido de concentración, un punto positivo en el infinito al que puedes dirigir tu mirada interior.[323]

El Vislumbre debe recordarse con frecuencia y disfrutarse con reminiscencias. Que le ayude de esta manera a dedicar el día a una mayor obediencia al impulso intuitivo. Que haga surgir de nuevo ese amor y esa aspiración hacia el Yo Superior que son prerrequisitos necesarios para una experiencia estable de él.[324]

Este ejercicio aparentemente simple es de disponibilidad universal, pues puede realizarse donde uno quiera y cuando quiera. No hay momento que no ofrezca la oportunidad para practicarlo, ninguna situación en la que no sea oportuno. Todo lo que uno tiene que hacer es recordar que es un Buscador, que es también un ser divino además de ser un ser animal, que debe actuar desde toda su humanidad y no meramente desde un fragmento de ella. Pero no hay que luchar por este recuerdo; hay que establecerlo como un hábito natural y relajante, cualesquiera que sean las tensiones que le rodeen. Cuanto más practique, más podrá consolidar este modo de vida, esta combinación única de actuar en el mundo como si no conociera nada más que las exigencias mundanas y estar en su interior completamente desapegado del mundo.[325]

323 *Agendas,* 23-6-177.

324 *Agendas,* 22-5-31.

325 *Agendas,* 23-6-239.

El Ejercicio de Recordar al Yo Superior

Nombre: es tan simple que se le llama ejercicio solo por llamarlo así. Al principio, requiere esfuerzo, como cualquier otra práctica.

Cómo: se debe practicar en todo momento, en todo lugar y bajo todas las condiciones corporales. Consiste en el recuerdo constante y amoroso de la existencia del Yo Superior y de su identidad interior con él. Se trata de la repetida y devota rememoración de que existe este otro y mayor yo, una cosa cálida, sentida y viva, que lo mira desde lo alto y lo cuida. Debe continuar hasta que sea capaz de mantener el pensamiento del Yo Superior como una especie de marco para todos sus otros pensamientos.

Vislumbre: si alguna vez ha tenido un vislumbre de una existencia superior suprasensible que lo impresionó profundamente y quizás lo llevó a emprender la búsqueda, es muy importante que inserte el recuerdo de esta experiencia en su ejercicio. Debe intentar traer a su mente tan vívidamente como sea posible la sensación de paz y exaltación que entonces sintió.

Advertencia: un peligro de este ejercicio de recuerdo es que puede volverse automático demasiado pronto y, por lo tanto, meramente mecánico y vacío. El recuerdo debe ser algo cálido, sentido y vivo para que el espíritu del ejercicio se conserve y no se pierda.

Cuándo: la concentración interior debe persistir detrás y a pesar de la actividad exterior. El recuerdo del Yo Superior debe mantenerse en el fondo de la mente, aunque parezca que está debidamente atento a los asuntos externos. Debe mantener el ejercicio siempre o tan a menudo como sea posible en el trasfondo de su mente mientras presta atención a los deberes en primer plano. Aunque el primer plano de su conciencia esté ocupado atendiendo los asuntos de la vida diaria, su trasfondo reside en una especie de vacío sagrado en el que ningún otro pensamiento puede entrometerse excepto este pensamiento del Yo Superior. El recuerdo debe convertirse en el pivote inmóvil sobre el cual el péndulo de la actividad externa oscila perpetuamente de un lado a otro.

Tiempo libre: cuando tenga tiempo libre, el ejercicio debe pasar a primer plano. Siempre que hay una relajación de los deberes, debe dejar volar su atención con entusiasmo y más plenamente de regreso a él.

Duración: debe entrenarse en este ejercicio:

- Hasta que le resulte muy fácil y sin esfuerzo;
- Hasta que esta concentración interior se haya puesto en movimiento habitual;
- Hasta que el recuerdo continúe por sí solo;
- Hasta que su práctica se haya establecido firme y exitosamente como un flujo incesante;
- Hasta que el recuerdo amoroso de la existencia del Yo Superior y de su identidad interior con él se vuelva constante;
- Hasta que la práctica se absorba en una ejecución perfecta y perpetua;
- Hasta que experimente al Yo Superior incesantemente como el centro no anunciado e impersonal de su gravedad personal.

Potencia: este método tiene una potencia peculiar a pesar de su carácter informal y no programado. Por lo tanto, su inesperada efectividad no debe medirse por su obvia simplicidad.

Gracia: cuando el recuerdo se convierte en un flujo incesante, el Yo Superior le traerá un fruto notable de Gracia. Cuando se vuelve habitualmente hacia adentro, hacia el Yo Superior, la Gracia puede operar más fácilmente en todos los asuntos. Cuando la Gracia comienza a trabajar, es probable que esto elimine una serie de obstáculos internos y externos en su camino –a veces de manera aparentemente milagrosa– y eventualmente lo lleve a una mayor conciencia de sí mismo.[326]

Hasta que le llame la atención, puede que no sepa que el ídolo a cuyos pies está adorando continuamente es el ego. Si pudiera darle a Dios la misma cantidad de recuerdos que le da a su ego, podría muy pronto alcanzar y establecerse en esa iluminación a la que otros hombres dedican vidas enteras de arduo esfuerzo.[327]

Por el pensamiento, el ego fue creado; por el pensamiento, el poder del ego puede ser deshecho. Pero el pensamiento debe dirigirse hacia una entidad superior, porque la voluntad del ego de atacarse a sí mismo es solo una pretensión. Dirígelo constantemente hacia el Yo Superior, sé mentalmente devoto al Yo Superior y ama emocionalmente al Yo Superior. ¿Puede entonces negarse a ayudarte?[328]

La base de este ejercicio es que el recuerdo del Yo Superior conduce con el tiempo al olvido del ego. Dejar que la mente permanezca constantemente en el pensamiento del Yo Superior la tranquiliza. Traer la figura del guía espiritual a ella, la fortalece.[329]

Mantener este recuerdo todo el tiempo, en todas las circunstancias, requiere práctica y perseverancia hasta un punto que

---

326 *Agendas,* 23-6-176.

327 *Agendas,* 8-4-153.

328 *Agendas,* 18-1-77.

329 *Agendas,* 23-6-152.

parece más allá de lo común. Pero en realidad están dentro de los recursos no explotados y las reservas no tocadas de todos.[330]

Fija la atención enteramente en el Yo Superior que está anclado en el centro de tu corazón. Entonces todo lo que hagas durante el día será naturalmente una acción divinamente inspirada y un verdadero servicio. El Yo Superior es tu verdadera fuente de poder: vuelve hacia él y recibe su guía constructiva para tu tarea de la vida diaria.[331]

Ya sea que su cuerpo se encuentre entre ladrones o su mente entre teorías, el deber del aspirante de ser consciente siempre sigue siendo primordial. Puede trabajar en el hogar, la oficina o el campo, y esta actividad debería ser bastante compatible con aferrarse la conciencia superior, mediante la práctica de este Ejercicio de Recolección. Este último no necesita interponerse en sus facultades o percepciones comunes.[332]

Uno se equivoca al objetar que no se pueden sostener dos pensamientos diferentes al mismo tiempo y que, por lo tanto, no se puede recordar a Dios y prestar atención a los detalles mundanos simultáneamente. Se puede. Dios no es un pensamiento, sino una conciencia en un nivel superior. La mente no sostiene a Dios. Ciertamente, la mente no puede tener dos objetos de pensamiento, porque están en dualidad, pero pueden ser sostenidos por la presencia de Dios. Solo aquí es posible la unión de sujeto y objeto. Todos los demás pensamientos están en dualidad.[333]

330 *Agendas,* 23-6-244.

331 *Agendas,* 23-6-165.

332 *Agendas,* 23-6-229.

333 *Agendas,* 23-6-256.

En el recuerdo, debe volver a amar la belleza y reverenciar la solemnidad de esta experiencia. Si el esfuerzo de recordar al Yo Superior se mantiene una y otra vez, atenúa las tendencias mentales materialistas heredadas de vidas anteriores y detiene la inquietud natural de la atención. Eventualmente logra una concentración mística de pensamientos de carácter similar a la que se alcanza durante períodos establecidos de meditación, pero con la ventaja añadida de no detener la transacción de la actividad mundana.

Es posible que le lleguen momentos de absoluta quietud interior. El habitual y familiar ego lo abandonará entonces con la rapidez de un relámpago y con una brevedad apenas menor. Que fije estos momentos firmemente en su memoria. Deben ser utilizados en los años venideros como temas de meditación y objetivos de esfuerzo.[334]

Uno debe pensar tan a menudo y tan intensamente en el Yo Superior como piensa una muchacha enamorada en el próximo encuentro con su amado. Todo su corazón debe estar cautivo, por así decirlo, de esta aspiración. Esto debe practicarse no solo en momentos formales establecidos, sino también constantemente a lo largo del día como un ejercicio de recolección. Este yoga, practicado en todo momento y en todo lugar, se convierte en una vida permanente y no meramente en un ejercicio transitorio. Esta práctica de recuerdo constante del Yo Superior purifica la mente y gradualmente la vuelve introvertida de forma natural, la concentra y finalmente la ilumina.[335]

Este acto de recolección no requiere ningún esfuerzo, ningún ejercicio de la fuerza de voluntad. Es un acto de volverse hacia

334 *Agendas,* 23-6-186.

335 *Agendas,* 23-6-217.

adentro, a través y por el poder del amor, hacia la fuente del ser. El amor redirige la atención y el amor la mantiene concentrada, sostenida, obediente.[336]

Aunque al sentir un descenso de la quietud se le dice al aspirante que deje lo que esté haciendo y se mantenga en la quietud tanto como pueda o mientras está ahí, también puede practicar un ejercicio útil enteramente por su propria iniciativa en cualquier momento del día que involucra una postura mental y física similar. Para este propósito, él mantiene lo que esté haciendo cuando lo desee y tan a menudo como lo desee y permanece suspendido, por así decirlo, sin moverse, sin pensar en nada más que en el recuerdo pasivo del Yo Superior. Este ejercicio especial de recuerdo puede realizarse durante un solo minuto o durante unos pocos, según lo desee.[337]

Manteniéndose cerca del Yo Superior, puede obtener su guía protectora o su influencia útil. Ningún día debería pasar sin su recuerdo, ninguna empresa debería iniciarse sin su invocación.[338]

Si el pasado es irredimible y el futuro impredecible, ¿qué camino más práctico hay disponible que salvaguardar el presente mediante el recuerdo constante de lo divino?[339]

Este individuo del Camino Corto cultiva una actitud más alegre, porque el recuerdo del Yo Superior, que practica constantemente, le recuerda Su gloria.[340]

---

336 *Agendas,* 23-6-255.

337 *Agendas,* 23-6-200.

338 *Agendas,* 23-6-169.

339 *Agendas,* 23-6-158.

340 *Agendas,* 23-1-106.

Ninguna clase de homenaje exagerado a un gurú puede reemplazar el recuerdo de lo Real.[341]

El filósofo exitoso no es un soñador: mantiene su practicidad, su interés en los asuntos del mundo, su disposición a aceptar responsabilidades, permaneciendo así como un servidor efectivo de la humanidad. Pero todo esto se hace dentro del Recuerdo.[342]

EJERCICIO DE IDENTIDAD "COMO SI"

Mejor que cualquier disciplina de yoga prolongada es el esfuerzo por fijar la atención en el aquí y ahora de la propia divinidad.[343]

Esta es, entonces, la verdad última: que en nuestra naturaleza más íntima estamos anclados en Dios, inseparables de Dios, y que el descubrimiento de esta naturaleza celestial es el propósito más elevado de la vida. Incluso ahora, ya, hoy, somos tan divinos como siempre lo seremos. La larga escalera evolutiva que los profetas y maestros, gurús y guías nos ordenan subir con esfuerzo, lenta y dolorosamente, no necesita ser escalada en absoluto si tan solo prestamos atención a esta verdad continuamente, si nos negamos a dejarla ir, si la hacemos nuestra en todas las partes de nuestro ser: en pensamiento, sentimiento, fe y acción.[344]

Una práctica valiosa del Camino Corto es verse a sí mismo disfrutando ya de la realización de su meta, participando ya de sus gloriosas recompensas. Este es un ejercicio de visualización

---

341 *Agendas,* 23-6-156.

342 *Agendas,* 23-6-242.

343 *Agendas,* 23-5-175.

344 *Agendas,* 23-1-6.

en el que se enfrenta a su propio rostro, un rostro sonriente y triunfante, un rostro tranquilo y pacífico. Debe hacerlo tantas veces al día como pueda recordar hacerlo.[345]

Parte de la técnica práctica para lograr la conciencia interna de esta realidad atemporal es la práctica del ejercicio COMO SI. Con algunas variaciones, ya ha sido publicado en *La Sabiduría del Yo Superior*, y se ha incluido una variante no publicada en las descripciones del Camino Corto como "identificación con el Yo Superior". El practicante ya no se considera a sí mismo desde el punto de vista del buscador, sino desde el del Individuo Realizado. Asume, en pensamiento y acción, que no tiene nada que alcanzar porque se basa en la verdad vedántica de que la Realidad, de la cual él es parte, está aquí y ahora –no se alcanza en el Tiempo, ya que es atemporal– y por lo tanto, es tan divino como siempre lo será. Rechaza la apariencia de las cosas, que identifica al individuo solo con su ego, e insiste también en la identificación más elevada con el Yo Superior.[346]

En este Camino Corto uno busca el significado del Ser, de ser él mismo y del ser-en-sí, hasta encontrar su propósito. Hasta que se complete esta búsqueda, acepta la verdad transmitida a él por los Iluminados de que en su esencia más íntima él es la Realidad. Esto lleva a la consecuencia lógica de que debe ignorar los sentimientos personales que continúan a partir de tendencias pasadas, hábitos, actitudes, y pensar y actuar como si uno mismo fuera un iluminado. Porque ahora sabe, por evidencia, estudio y reflexión, que el Yo Superior está detrás y es la misma fuente de su ego, tal como lo sabe por la experiencia del sentimiento durante sus breves Vislumbres. Llevar esta fuerte convicción al

345 *Agendas*, 23-6-50.

346 *Agendas*, 23-6-115.

pensamiento, la acción y la actitud es el ejercicio del "Camino Celestial" [o "Como Si"], el principal del Camino Corto.

Pretende ser lo que uno aspira a convertirse: piensa, habla, actúa y se comporta como un maestro de la emoción, del deseo y del ego porque quiere ser uno. Pero debería jugar este juego para y consigo mismo únicamente, no para engrandecerse ante los ojos de los demás, para que no siembre la semilla de una gran vanidad.[347]

Uno no tendrá que luchar como en el Camino Largo. No habrá más esfuerzos tediosos. La mente estará feliz de descansar en este estado positivo, si desde el principio mantiene la fe de que ya se ha logrado, de que la aspiración hacia ello se está cumpliendo *ahora*, no en algún momento lejano y desconocido. Semejante actitud engendra algo más que sentimientos agradables de esperanza y optimismo: engendra poder subconsciente.[348]

Uno se moldea a sí mismo en otra persona en la imaginación, en la fe y en la voluntad. Por un tiempo, crea la ilusión de un nuevo destino que acompaña a esta nueva persona. ¿No es esto un verdadero renacimiento? ¿Acaso no se aleja por completo de la antigua persona común y corriente y la olvida por completo a través de esta transformación milagrosa? Vive tan completamente en este yo ideal visualizado que no queda espacio para que las viejas faltas y las viejas debilidades se introduzcan sigilosamente.[349]

Aprende que uno puede establecer sus propios límites, que mientras piense todo el día que es solo esta persona, haciendo y diciendo del modo habitual lo que los seres humanos suelen

347 *Agendas,* 23-6-109.

348 *Agendas,* 23-6-131.

349 *Agendas,* 23-6-144.

hacer, entonces ciertamente no es nada más. Pero si comienza el día en un nivel más alto, pensando que es divino en su ser más íntimo, y se mantiene en ese nivel a medida que pasan las horas, entonces se sentirá más cerca de él. Este es un procedimiento práctico, que tiene su efecto en la conciencia, en el carácter y en los eventos.[350]

El método del Camino Corto es afirmar que en la conciencia celestial del Yo Superior no hay maldad, ni malas acciones, ni pecaminosidad, ni fallas; y que debido a que el verdadero ser del hombre está allí, el aspirante debería identificarse con él en fe, pensamiento y visión. De esa triple manera, se ve a sí mismo habitando y actuando en el Yo Superior, y por lo tanto, sin sus pecados y faltas específicas. Los considera inexistentes y deja de tener ansiedad o preocupación por ellos. Él hace esto tanto como puede desde la mañana hasta la noche y esto cumple con el mandato de Jesús de "orar sin cesar" en un sentido más profundo y filosófico.[351]

Esta práctica en el Camino Corto de autoidentificación con el Yo Superior debe realizarse tanto casualmente en momentos fortuitos como deliberadamente en los contactos diarios de meditación. Es a través de ellos –siempre que la identificación sea efectiva– que la Gracia tiene alguna de sus oportunidades de realizar su transformación en él.[352]

Es una visión de sí mismo tal como podría ser, pero transferida de una posibilidad futura a una actualización presente. Este ejercicio de "Identidad" pertenece apropiadamente al Camino

350 *Agendas,* 23-6-128.

351 *Agendas,* 23-6-129.

352 *Agendas,* 23-6-118.

Corto, pues en el caso de un principiante, cuyo conocimiento es pequeño, los esfuerzos limitados y el carácter no purificado, su práctica podría ser engañosa.[353]

El ejercicio de "Identidad" es un cambio desde la humilde aspiración a un nivel superior a la imaginación creativa de uno mismo como si ya estuviera allí. Los peligros aquí son la presunción, el engaño y la complacencia.[354]

El ejercicio "Como Si" no es simplemente una simulación o una fantasía. Requiere un estudio penetrante y una comprensión suficiente del carácter elevado y la conciencia espiritual del papel que se va a desempeñar, el rol que se va a representar y de la autosugestión a ser realizada.[355]

Esta práctica de imaginarse a uno mismo como debería ser, de visualizar al individuo libre de cualidades negativas y radiante con las positivas que son parte del ideal de la Búsqueda, tiene resultados casi mágicos.[356]

Para practicar con éxito el ejercicio "Como Si" en el Camino Corto, es necesario dejar ir y olvidar todas las técnicas pasadas y comenzar de nuevo; son apegos y, en ese sentido, distracciones. Pueden causar timidez, ansiedad por el éxito e impaciencia. La divinidad está ahí, dentro de ti; ten fe en que *es* así y confía en ella.[357]

---

353 *Agendas,* 23-6-143.

354 *Agendas,* 23-6-142.

355 *Agendas,* 23-6-113.

356 *Agendas,* 23-6-123.

357 *Agendas,* 23-6-138.

La práctica del ejercicio "Como Si" es como renacer espiritualmente y encontrar una nueva forma de vida. Da coraje a aquellos que se sienten lamentablemente inadecuados, esperanza a aquellos que se sienten atrapados por sus fracasos pasados.[358]

El Camino Intermedio es una transición del Camino Largo al Corto. Consiste en identificarse mentalmente con el Ser superior. Esto está infinitamente más allá de la identificación con el ego, pero todavía está teñido de una especie de egocentrismo. Esto se revela cuando el peregrino transita hacia el Camino Corto, donde no busca ninguna identificación de ningún tipo, no dedica más atención al "yo", sino que piensa únicamente en el Ser superior tal como es en sí mismo y no en su relación con él.[359]

Aunque solo sea una postura que se cultiva, sigue siendo una disciplina valiosa y un ejercicio que da buenos resultados. Pues este método del "Como Si", tiene mucho poder sugestivo y es una parte esencial del Camino Corto.[360]

HACIA EL VACÍO

La meditación en el vacío tiene como uno de sus principales objetivos, la superación del egoísmo. No solo destruye la visión estrecha del yo, sino que sublima el pensamiento mismo del yo en el pensamiento de la existencia pura e ilimitada. Empleado en el momento adecuado y no de manera prematura, quema la ilusión de la separatividad.[361]

---

358 *Agendas,* 23-6-111.

359 *Agendas,* 23-4-96.

360 *Agendas,* 23-6-147.

361 *Agendas,* 23-8-158.

Retire el concepto del ego de un individuo y retirarás el suelo firme bajo sus pies. Un abismo enorme parece abrirse bajo él. Le produce el mayor susto de su vida, acompañado de sentimientos de absoluto aislamiento y espantosa inseguridad. Entonces clamará urgentemente por el retorno de su amado ego y regresar a la seguridad una vez más, a menos que su determinación de alcanzar la verdad sea tan fuerte y tan exigente que pueda soportar la prueba, sobrevivir al desafío, y resistir hasta que la luz del Yo Superior irradie el abismo.[362]

No es esencial entrar en estado de trance para experimentar una profundidad suficiente en la meditación, aunque muchos sí lo buscan en la creencia popular de su necesidad. El caminante avanzado del Camino Corto desarrolla la capacidad sin la necesidad. Es decir, puede disfrutar de los beneficios de una mente que se aquieta en un instante, siempre que las circunstancias exteriores le permitan relajarse, pero sin tener que caer en una condición de inconsciencia ante las escenas, sonidos y formas exteriores.[363]

La más elevada y la última de las etapas introspectivas aún está por alcanzarse, y ésta es el autoconocimiento del Vacío de Ser que puede repetir la frase "Yo soy el que soy" de Éxodo 3:14, pero que no tiene ningún otro predicado.[364]

Hasta que el ego no esté completamente desinflado y caiga en el Vacío, no podrá conocer, sentir y realizar plenamente la bienaventuranza de la salvación.[365]

---

362 *Agendas,* 8-5-465.

363 *Agendas,* 23-1-148.

364 *Agendas,* 23-8-3.

365 *Agendas,* 8-4-447.

En este punto, uno se pierde tanto en el Vacío que olvida quién es el que está meditando. Entonces y así recibe una respuesta adicional a la pregunta "¿Quién soy Yo?"[366]

Cuando toda acción llega a su fin, cuando el cuerpo está inmóvil y la conciencia se aquieta, se logra lo que los chinos han llamado Wu Wei, que significa no-hacer. Esto trae una paz maravillosa, ya que está ligado a ella el no-desear y el no-aspirar. El buscador se ha acercado entonces al final, pero hasta que esta paz se establezca completa y permanentemente en él, la búsqueda debe continuar. Deja ir todos los pensamientos negativos, especialmente aquellos que conciernen a los demás. Deje de condenar y criticar, excepto cuando sea una parte necesaria de tu obligación, deber o posición en el mundo, como en el caso de un magistrado.[367]

A través de la contemplación repetida del vacío, la mente se libera de las ilusiones de la materia, el tiempo, el espacio y la personalidad, y finalmente se alcanza la verdad.[368]

¿Por qué tener miedo de esta declaración: que el objetivo final es fusionarse con el Absoluto? ¿Será porque promete lo mismo que la muerte: la aniquilación? Sin embargo, siempre que se entra en un sueño profundo, esta fusión ocurre. El ego con sus pensamientos, deseos y agitaciones se ha ido; el mundo, con sus relatividades, desaparece. El tiempo, el espacio, la forma y la memoria se pierden. Sin embargo, todo reaparece a la mañana siguiente. Entonces no es una muerte real. Es puro Ser. La meditación intenta reproducir esta condición, lograr un retorno al sueño profundo, pero con el factor añadido de la *consciencia*. En la fase final –*Nirvikalpa*

366 *Agendas,* 23-8-100.

367 *Agendas,* 24-3-289.

368 *Agendas,* 23-8-114.

Samadhi– lo logra. El individuo se disuelve, pero su Fuente divina permanece como residuo, como lo que siempre y básicamente fue. Por eso la filosofía incluye la meditación.[369]

Sería completamente falso considerar el Vacío como una nada y que no contiene nada. Es el Ser mismo, y contiene la realidad detrás de todas las cosas. Tampoco es una especie de inercia, de parálisis. Toda acción surge de él, todas las fuerzas del mundo derivan de él.[370]

Debemos retirar de la mente todo lo que sea y todo pensamiento, excepto este único pensamiento de tratar lograr la ausencia de lo que no es el Absoluto. Esto se llama *Gnana Yoga: "Neti, Neti*" (No es esto), como lo llamó Shankara. Y debe continuar con esta eliminación negativa hasta que alcance la etapa en que un gran Vacío lo envuelva. Si puede lograr aferrarse resueltamente a este Vacío en una concentración sostenida –y descubrirá que es una de las cosas más difíciles del mundo hacerlo– descubrirá abruptamente que no es una mera abstracción mental, sino algo real, no un sueño sino la cosa más concreta en su experiencia. Entonces y solo entonces podrá declarar positivamente: "Es *Esto*." Porque ha encontrado el Yo Superior.[371]

Otro resultado de esta contemplación del mundo como el gran Vacío es que el trabajo realizado por el estudio mentalista avanza aún más, pues no solo se ve que las cosas experimentadas por los cinco sentidos son solo pensamientos, sino que los pensamientos mismos son ahora vistos como la espuma y el rocío transitorios arrojados desde el aparente Vacío. Así, hay una

369 *Agendas,* 4-1-199.

370 *Agendas,* 28-1-118.

371 *Agendas,* 23-8-118.

reorientación completa de los pensamientos al Pensamiento. En lugar de mantener un solo pensamiento o escenas de ideas en perfecta concentración, el practicante debe ahora alejarse por completo de todas las ideas hacia ese aparente vacío en el que surgen. Y este último, por supuesto, es la materia mental pura, pasiva e indiferenciada, a partir de la cual se producen las ideas separadas. Aquí no hay conocimiento ni discriminación entre una idea y otra, no hay agitación en la conciencia de esto y aquello, sino más bien un vacío sublime. Pues la Mente-esencia no es algo que podamos imaginar; es completamente informe. Es tan vacía e inaprensible como el espacio.[372]

La fase final de la experiencia interior, la fase más profunda de la contemplación es aquella en que el experimentador mismo desaparece, el meditador se desvanece, el conocedor ya no tiene un objeto –ni siquiera el Yo Superior– para conocer, pues la dualidad colapsa. Debido a que este grado está más allá de la experiencia suprema de la "Luz" donde el Yo Superior revela su presencia visualmente como una masa deslumbrante, un haz, una bola o un rayo de resplandor sobrenatural que se ve, ya sea que los ojos del cuerpo estén abiertos o cerrados, se lo ha llamado la oscuridad divina.[373]

El reposo en esta condición de vasto vacío está acompañado por una intensa y vívida felicidad. Uno sabe que está con el Dios viviente. Comprende que se ha acercado a Dios tanto como le es posible a un ser humano en la tierra hacerlo y, sin embargo, seguir siendo humano y estar vivo. Pero sabe y comprende todo esto no por el movimiento de las ideas –pues aquí no hay ninguna– sino por un sentimiento que captura todo su ser. Pero es

---

372 *Agendas,* 23-8-115.

373 *Agendas,* 28-2-147.

durante esta experiencia final del Vacío, cuando pasa más allá de toda relatividad, que experimenta que la Mente es la única realidad, la única existencia duradera, y que todo lo demás no es más que una sombra. El ingreso a esta etapa es por lo tanto un punto crítico para todo aspirante.[374]

Oculto detrás de cada pensamiento particular existe el elemento divino que hace posible nuestra conciencia de ese pensamiento. Si, por lo tanto, buscamos ese elemento, debemos buscarlo primero ampliando el espacio entre ellos y luego disolviendo todos los pensamientos, y en segundo lugar contemplando aquello de lo que han surgido.[375]

Durante el intervalo –por infinitesimal que sea– entre dos pensamientos, el ego desaparece. Por lo tanto, puede decirse con certeza que con cada pensamiento se reencarna de nuevo. No hay necesidad real de esperar a que se haya pasado por la serie de nacimientos de larga duración antes de poder alcanzar la liberación. La serie de nacimientos momentáneos también ofrece esta oportunidad, siempre que el individuo sepa cómo aprovecharla.[376]

Existen ciertos intervalos de conciencia entre dos pensamientos –como los que se dan entre el estado de vigilia y el sueño, y entre el sueño y la vigilia– que normalmente pasan desapercibidos debido a la rapidez y brevedad asociadas con ellos. Entre un momento y otro existe la conciencia atemporal; entre un pensamiento y otro existe una conciencia libre de pensamientos. Es sobre este hecho que se incluyó un cierto ejercicio en *La Sabiduría del Yo Superior*, que no había sido publicado

---

374 *Agendas,* 23-8-32.

375 *Agendas,* 23-8-159.

376 *Agendas,* 23-8-162.

anteriormente en ningún libro occidental. Pero no es un descubrimiento moderno. Lo conocían los antiguos egipcios, lo conocían los ocultistas tibetanos, y en los tiempos modernos, probablemente lo conocía Krishnamurti. Los egipcios, preocupados como estaban con el tema de la muerte y el otro mundo, basaron en él su célebre *Libro de los Muertos*. El *Libro Tibetano de los Muertos* contenía el mismo tema. Entre la salida del cuerpo de las fuerzas vitales invisibles al final de cada encarnación y su entrada en ese estado de conciencia que es la muerte, reaparece el mismo intervalo. Si el moribundo puede elevarse hasta él, apoderarse de él, y no dejarlo escapar, entonces entrará en el cielo: el verdadero cielo. Y fue para recordarle este hecho y ayudarle a lograr esta hazaña que los antiguos sacerdotes asistieron a sus últimos momentos y cantaron los pasajes pertinentes de estos libros. Este intervalo misterioso hace su aparición a lo largo de la vida e incluso en la muerte, y sin embargo los hombres no lo notan y pierden una oportunidad. Ocurre no solo al entrar a la muerte sino también entre dos respiraciones. Es posible ir aún más lejos y decir que el intervalo reaparece durante un período más largo entre dos encarnaciones, porque entonces se bloquean todas las impresiones del pasado antes de asumir un nuevo cuerpo. Platón debía saberlo.[377]

La sucesión de pensamientos aparece en el tiempo, pero el intervalo entre dos de ellos está fuera del tiempo. El intervalo en sí normalmente pasa desapercibido. Se pierde la oportunidad de iluminación.[378]

La presencia del ego físico en el estado de vigilia es lo que paraliza toda conciencia espiritual que se encuentra en uno.

377 *Agendas,* 23-6-81.

378 *Agendas,* 23-8-163.

La ausencia del ego personal y físico en el estado de sueño profundo es lo que paraliza también toda conciencia material que se encuentra en uno. Al mantenerlo fuera y, con todo, manteniéndose el individuo despierto, la conciencia trascendental es capaz de proporcionar la condición necesaria para una conciencia espiritual ininterrumpida, que no solo es superior a los tres estados, sino que continúa su propia existencia detrás de ellos.[379]

Pueden llegar de manera bastante abrupta, esos momentos intensamente vividos de verdadera visión, esos vislumbres intermitentes de una belleza y verdad superiores a lo mejor que la vida terrenal ofrece. Entonces la mente descansa y hay un vacío en sus actividades habituales, un Vacío a partir del cual estas experiencias celestiales cobran vida al superar nuestros sentimientos comunes.[380]

Los estudiantes retroceden asustados ante el concepto de un gran vacío que no les deja nada, humano o divino, a lo que puedan aferrarse. ¡Cuánto más retrocederán, no de un mero concepto, sino de una experiencia real por la que deben pasar personalmente! Sin embargo, se trata de un acontecimiento, aunque no el final en el camino ultramístico definitivo, que no pueden evitar ni evadir. Es una prueba que debe ser soportada, aunque para el estudiante que se ha resignado a aceptar la verdad, sea cual sea su apariencia –que, en consecuencia, ya ha comprendido el vacío intelectual tanto de la Materia como de la Personalidad– esta experiencia no asumirá la forma de una prueba, sino más bien de una aventura. Después de una realización tan rara, emergerá como un individuo diferente. De ahora en adelante, sabrá que nada que tenga una apariencia, nadie que tenga una forma,

---

379 *Agendas,* 19-3-180.

380 *Agendas,* 22-6-28.

ninguna voz excepto la que no tiene sonido, podrá ayudarle de nuevo. Sabrá que toda su confianza, toda su esperanza y todo su corazón deben entregarse ahora y para siempre incondicionalmente a este Vacío que, misteriosamente, ya no será un Vacío para él. Porque es Dios.[381]

El primer contacto del estudiante con el Vacío probablemente le asustará. La sensación de estar solo –un espíritu desencarnado– en un abismo inmenso de espacio ilimitado le causa una especie de shock, a menos que esté bien preparado por la comprensión metafísica y bien fortificado por la resolución de alcanzar la realidad suprema. Su terror, sin embargo, es injustificado. En el acto de proyectar el ego personal, el Yo Superior necesariamente tiene que velarse a sí mismo del ego al mismo tiempo. Así nace la ignorancia.[382]

Aquellos que descubren que más allá de la Luz deben pasar por el Vacío, el vacío ilimitado, a menudo retroceden asustados y se niegan a aventurarse más allá. Porque aquí no tienen nada que ganar u obtener, ningún glorioso éxtasis espiritual para añadir a sus recuerdos, ningún gran poder para aumentar su sentido de ser un colaborador con Dios. Aquí su misma sangre-vital debe ser exprimida como el precio de la entrada; aquí deben convertirse en la más débil de las criaturas.[383]

Son tantos los místicos que se asustan innecesariamente por este concepto del Vacío, que es necesario tranquilizarlos. Se detienen en el mismo umbral de su gran realización y no avanzan más, porque temen ser extinguidos, aniquilados. La verdad es que esto solo le

381 *Agendas,* 23-8-43.

382 *Agendas,* 23-8-35.

383 *Agendas,* 23-8-59.

sucederá a su naturaleza inferior. Ellos mismos seguirán muy vivos. Así que no es la mejor parte de su naturaleza la que realmente teme la experiencia del Vacío, sino la peor parte.[384]

Lo que en sánscrito se denomina *Turiya* o el "cuarto estado," aunque no es ni vigilia, ni sueño, ni sueño profundo, está relacionado, sin embargo, con los tres como su trasfondo. Por lo tanto, entra en acción antes de que uno se duerma. Antes de que uno se despierte por la mañana, también entra en acción. O antes de que un sueño llegue a su fin y sobrevenga el sueño profundo, entra en acción. Es por eso que la práctica de la meditación o la breve práctica del recuerdo espiritual en cualquiera de estos tres períodos de pausa naturales, aprovechan al máximo de ellos. Es también por eso que durante el intervalo entre dos pensamientos separados, entra en acción. Así, a lo largo de la vida de un individuo, él va siendo reconducido cómodamente al contacto con su Yo divino. Pero como tiene el rostro vuelto hacia el otro lado y está mirando en la dirección equivocada, nunca se aprovecha y se vuelve consciente de ese Yo.[385]

MÁS ALLÁ DEL CAMINO CORTO

Aquellos que buscan el progreso buscando experiencias internas o descubriendo nuevas verdades hacen bien. Pero necesitan comprender que todo esto sigue siendo personal, todavía algo que concierne al ego, aunque sea la parte más elevada y mejor del ego. Su mayor avance se logrará cuando dejen de albergar el deseo de avanzar en absoluto, dejen de mirarse continuamente a sí mismos y, en cambio, lleguen a un tranquilo descanso en el simple hecho de que Dios existe, hasta que vivan solo en este

---

384 *Agendas,* 23-8-57.

385 *Agendas,* 19-3-196.

hecho. Eso transferirá su atención del yo al Yo Superior y los mantendrá viendo su presencia en la vida de todos y su acción en cada evento. Cuanto más logren aferrarse a este insight, menos se sentirán preocupados, asustados o perplejos nuevamente; cuanto más reconozcan y descansen en el carácter divino, menos se preocuparán febrilmente por su propio futuro espiritual.[386]

La limitación del Camino Largo es que solo se ocupa de adelgazar, debilitar y reducir la fuerza del ego. No se ocupa de desinflarlo por completo. Puesto que esto solo se puede hacer estudiando metafísicamente la naturaleza del ego, viendo su falsedad y reconociendo su carácter ilusorio, lo que ni siquiera se hace mediante el Camino Corto, todos los esfuerzos del Camino Corto para practicar la autoidentificación con el Yo Superior son meramente el uso de la imaginación y la sugestión para crear un nuevo estado mental que, si bien imita el estado del Yo Superior, en realidad no trasciende la mente-ego, sino que todavía existe dentro de ella. De modo que se hace necesaria una tercera fase, la fase de deshacerse del ego por completo; esto solo se puede hacer mediante la operación disolvente final de la Gracia, que la persona tiene que pedir y a la cual tiene que dar su consentimiento. Para resumir todo el proceso, el Camino Largo conduce al Camino Corto, y el Camino Corto conduce a la Gracia de una conciencia sin ego ininterrumpida.[387]

Tiene que haber vida, sentimiento. La cantidad de Camino Largo y Camino Corto depende del individuo. Si no lo sabes, debes preguntarle a tu gurú. Parece complicado y, en cierto modo, lo es. Pero, en cierto modo, es muy sencillo.

---

386 *Agendas,* 23-5-222.

387 *Agendas,* 23-5-206.

Al final, rechazarás ambos. No hay un Camino Largo ni un Camino Corto. Los hemos construido para que se ajusten a lo que pensamos. Buda dice en el *Dhammapada* que tú mismo inventaste esta imagen que tienes de ti mismo, la imagen que crees que es real. Está hecha por el pensamiento y puede ser deshecha por el pensamiento.

También podrías decir que no hay nada en todo esto: simplemente entrégate a Dios. Esto es cierto si puedes hacerlo.[388]

Nosotros, que honramos tanto la filosofía, no podemos permitirnos el lujo de ser otra cosa que honestos con nosotros mismos. Tenemos que reconocer que el fin de todos nuestros esfuerzos es la rendición. Ningún ser humano puede hacer otra cosa que esto –una postración absolutamente humilde, donde nos disolvemos, perdemos el ego, nos perdemos a nosotros mismos– el resto es paradoja y misterio.[389]

388 *Agendas,* extraído de 23-5-56.

389 *Agendas,* 20-5-11.

CAPÍTULO IX

EXPERIENCIAS A LO LARGO DEL CAMINO

La Gracia es de dos tipos. El tipo común, más conocido e inferior, es el que se encuentra en el Camino Largo. Fluye desde el Yo Superior en respuesta automática a una fe o devoción intensa, expresada en un tiempo de necesidad. Es una reacción a la búsqueda de ayuda. El tipo más raro y superior se encuentra en el Camino Corto. Surge de la autoidentificación con el Yo Superior o de su constante recuerdo. Aquí no hay ego que busque ayuda ni una Gracia que está necesariamente siempre presente en el Yo Superior.[390]

Existen pequeñas gracias, como las que producen el vislumbre; pero solo hay una gran Gracia: ésta produce una transformación duradera, una curación profunda y radical, y una iluminación permanente.[391]

El éxtasis no es una marca permanente de la experiencia mística, sino solo una marca temporal que acompaña a su primer descubrimiento. Son los principiantes los que se emocionan tanto con los éxtasis místicos, no los expertos. El proceso de

390 *Agendas,* 23-6-7.

391 *Agendas,* 18-5-13.

reajustar la personalidad a un futuro lleno de maravillosas promesas y marcado por una tremenda importancia mueve naturalmente la naturaleza emocional hacia un extremo de deleite. Sin embargo, sería un error considerar el éxtasis del místico como algo meramente emocional. Detrás de él está la importantísima contribución de la Gracia, el Amor y la Paz del Yo Superior. Cuando la excitación emocional del descubrimiento finalmente se apacigua, estos se mostrarán más claramente como siendo sus elementos realmente significativos.[392]

EL TIEMPO DE LO ATEMPORAL

Quienquiera que haya sido conducido a la cueva de la vida atemporal, tomará su pluma en un vano intento de encontrar palabras que midan con precisión esta sublime experiencia. Se levanta renovado del exquisito abrazo de tal contemplación. Aprende en esas horas resplandecientes. Lo que ha estado buscando tan ardientemente ha estado dentro de sí mismo todo el tiempo. Porque allí, en el centro de su ser, escondido debajo de toda la debilidad, pasión, mezquindad, miedo e ignorancia, habita la luz, el amor, la paz y la verdad. Las ventanas de su corazón se abren a la eternidad, ¡solo que él las ha mantenido cerradas! Está tan cerca del sagrado espíritu de Dios como jamás lo estará, pero debe abrir los ojos para verlo. El estado divino del ser humano está allí, en lo profundo de sí mismo. Pero debe reclamarlo.[393]

No hay un único camino hacia la iluminación. El yoga no tiene el monopolio. La vida misma es la gran iluminadora. Una vez conocí a un hombre que, tras el shock de oír a su esposa decirle que había dejado de amarlo, que desde hacía tiempo tenía

---

392 *Agendas,* 22-7-111.

393 *Agendas,* 22-3-3.

un amante secreto, y que le solicitaba el divorcio para poder casarse con él, sintió un colapso de todos sus valores y creencias que hasta entonces había mantenido con confianza. Durante algunos días estuvo tan afectado que no podía comer. Pero, en ese momento, su mente se había vuelto tan extraordinariamente lúcida en cuanto a estos asuntos y a sí mismo, que experimentó momentos de verdad. A través de ellos, alcanzó una gran paz y comprensión, un cambio interior. ¿Cuál fue el sol de la mañana que lo despertó? No hizo ejercicios de yoga, no entró en iglesias, estaba demasiado absorto en sus asuntos mundanos como para leer libros espirituales. Esto me lleva de nuevo al tema: no te sometas a la presión de aquellos que dicen que solo hay un único camino hacia la salvación (el camino que ellos siguen o enseñan), no permitas que la mente se vea obstaculizada o limitada. La verdad es que los caminos son muchos, están dispersos en todas las direcciones, son individuales.[394]

La verdad no siempre irrumpe ante su devoto en un destello repentino, breve y total. También puede llegar tan lentamente que él difícilmente se dará cuenta de su movimiento. Pero en ambos casos, este progreso se medirá por su abandono de una actitud puramente personal y egocéntrica hacia la vida.[395]

¿La iluminación llega de repente? ¿O tenemos que trabajar lentamente para alcanzarla, de forma gradual? La respuesta varía, según el caso en cuestión. La mayoría necesita tiempo para adaptarse y equiparse para el glorioso momento del *insight*, pero unos pocos lo reciben en un único día. Hay que recordarse que, en realidad, esto no sucede en el tiempo, sino fuera de él, en la gran Quietud. El individuo no *conoce* la verdad absoluta

394 *Agendas,* 1-5-209.

395 *Agendas,* 20-4-89.

y final un segundo antes, y luego está allí en su totalidad. La rapidez con la que puede asentarse en él también variará según las diferentes personas: podría ser unas pocas horas en un caso, pero tres años en otro.[396]

Cuando sienta la suave llegada de la presencia del Yo más elevado, en ese momento, debe entrenarse en el arte de mantenerse completamente pasivo. Descubrirá que éste está tratando realmente de animarlo, de tomar posesión de él como se supone que un espíritu desencarnado debe tomar posesión de un medio viviente. Su tarea ahora es puramente negativa; consiste en no ofrecer resistencia al esfuerzo, sino en dejar que éste ejerza la mayor influencia posible sobre él. Las fases preliminares de su progreso han terminado. Hasta ahora, dependía principalmente de sus propios esfuerzos. Ahora, sin embargo, es el Yo Superior quien será el agente activo en su desarrollo. Todo lo que se le pide de ahora en adelante es que permanezca pasivo, de lo contrario podría perturbar el trabajo sagrado con la interferencia de su ciega e ignorante voluntad propia. Su avance en este punto ya no depende de su propio esfuerzo.[397]

Una vez que el Yo Superior se siente en el corazón como una presencia viva, eleva la conciencia fuera del control de las partes egoístas y deseosas de nuestro ser, liberándola de los altibajos del estado de ánimo y la emoción que esas partes involucra. Proporciona una sensación de satisfacción interior que es completa en sí misma e independiente de las circunstancias externas.[398]

---

396 *Agendas,* 25-2-53.

397 *Agendas,* 2-9-30.

398 *Agendas,* 22-3-104.

La iluminación puede llegar repentinamente a un individuo, pero generalmente es un vislumbre temporal. Solo en raras ocasiones permanece y nunca lo abandona. El camino normal es gradual. La experiencia de Ramana Maharshi, Atmananda y Aurobindo ilustra esta rara excepción predestinada y solo se puede buscar corriendo el riesgo de frustrarse.[399]

Si crees que has tenido la experiencia última, es más probable que hayas tenido una experiencia emocional, mental o mística. Lo auténtico no *entra* en la conciencia. No sabes que ha ocurrido. Descubres que ya está aquí solo mirando hacia atrás, a lo que eras y contrastándolo con lo que eres ahora; o cuando otros lo reconocen en ti y llaman la atención sobre ello; o cuando surge una situación que pone en evidencia tu estado real. Es un hecho permanente, no un breve "vislumbre" místico.[400]

Una experiencia mística es simplemente algo que viene y va, mientras que el *insight* filosófico, una vez establecido en un individuo, no puede dejarlo. El individuo comprende la Verdad y no puede perder esta comprensión, así como un adulto no puede perder su adultez y convertirse en un niño.[401]

¿Cuáles son las señales por las que sabrá que se trata de un auténtico vislumbre de la realidad? En primer lugar, es y seguirá siendo siempre presente. No hay futuro en ella ni pasado. En segundo lugar, la experiencia espiritual pura llega sin excitación, se informa sin exageración, y no necesita ninguna autoridad externa para autenticarla.[402]

---

399 *Agendas,* 22-8-7.

400 *Agendas,* 28-2-139.

401 *Agendas,* 20-4-198.

402 *Agendas,* 22-7-199.

El vislumbre, al estar situado entre las condiciones mentales que existían antes y después, implica necesariamente un contraste sorprendente –incluso dramático– con su normalidad. Parece abrirse a la cumbre última, bañada de luz, de la existencia humana. Pero esta experiencia provoca necesariamente una reacción humana, que se incorpora al vislumbre mismo, se vuelve parte de él. La iluminación permanente y verdaderamente última es pura, libre de cualquier mezcla de reacción, ya que es tranquila, equilibrada y posee sabiduría.[403]

En la mayoría de los casos, como resultado de la meditación, pero a veces durante un vislumbre inesperado, puede desarrollarse una experiencia mística de un tipo inusual. Se siente transparente al Yo Superior; su luz pasa dentro de él y a través de él. Entonces, descubre que su condición normal era como si lo rodeara una gruesa pared, desprovista de ventanas y coronada por un grueso techo, una condición de encarcelamiento en la limitación y la cotidianidad. Pero ahora las paredes se convierten en vidrio, su densidad ha desaparecido milagrosamente, él no solo está abierto a la luz que entra, sino que la deja pasar, irradiando el mundo que lo rodea.[404]

Ramana Maharshi no tenía experiencia alguna en el Largo Camino; no había practicado ninguna técnica; sin embargo, se iluminó permanentemente a una edad temprana. Hay dos lecciones en este evento. Primero, sin una historia previa del Largo o Camino Corto, un individuo todavía puede encontrarse en la conciencia superior. Esto demuestra que la Gracia por sí sola es una causa suficiente. Segundo, aparte del sentimiento de disgusto con el mundo por no haber aprobado sus exámenes escolares, la

---

403 *Agendas,* 25-2-27.

404 *Agendas,* 22-6-166.

única preparación que se sometió Maharshi fue caer involuntaria y profundamente en el estado de trance durante tres días. Allí fue "arrastrado" lejos de los sentidos y la conciencia externa por una fuerza poderosa. Esto demuestra que la *profundidad* de penetración interna de las capas de la mente y la *duración* del contacto con el Yo Superior son los dos factores importantes que determinan el resultado obtenido. Profundiza tanto como puedas; permanece allí tanto tiempo como puedas; éste parece ser el mensaje silencioso de la propia experiencia de Maharshi.[405]

DOLOR Y PÉRDIDA

El lugar donde estás, las personas que te rodean, los problemas que encuentras y los acontecimientos que ocurren ahora mismo: todos tienen un significado especial para ti. Surgen bajo la ley de recompensa así como bajo las necesidades particulares de tu crecimiento espiritual. Estúdialos bien, pero de manera impersonal, sin ego, y ajusta tus reacciones en consecuencia. Esto será difícil y quizás incluso desagradable, pero es la manera segura para resolver todos tus problemas. Esto es lo que Jesús quiso decir cuando declaró: "Si alguno quiere venir en pos de mí, niéguese a sí mismo, tome su cruz cada día, y sígame." Esta es la crucifixión del ego que es el verdadero cristianismo y que conduce directamente a la resurrección en la realidad del Yo Superior. Considera tus problemas mayores y más irritantes como la voz de tu Yo Superior. Trata de escuchar lo que dice. Trata de eliminar las obstrucciones a las que Él apunta dentro de ti. Considera esta ordalía especial, esta prueba en particular, como si tuviera el significado más importante para tu propio crecimiento espiritual. Cuanto más agobiante es, más esfuerzo se hace para acercarte al Yo Superior. En cada momento de tu vida, desde un evento,

405 *Agendas,* 25-3-76.

situación, contacto hasta otro, la Inteligencia Infinita te proporciona los medios para crecer, si tan solo sales de la rutina egoísta y los tomas.[406]

Los vuelos ascendentes del noviciado del aspirante se compran a costa de caídas. Es parte de su experiencia de esta búsqueda: tanto el verse privado a veces de todo sentimiento de que lo divino existe y es real, como el tener la soleada seguridad de ello.

Al principio, la experiencia de la realidad llega solo en destellos. En realidad, no es el yo más elevado el que tentadoramente aparece y desaparece ante la mirada del aspirante de esta manera, causándole condiciones alternas de feliz fruición y miserable esterilidad, sino la Gracia amorosa del yo más elevado. Cada vez que se desprende de ella, la primera reacción del aspirante es una fuerte sensación de carencia espiritual, sequedad, oscuridad y anhelo. Esto trae mucha infelicidad, descontento consigo mismo y frustración. Pero también trae tanto un aumento e intensificación de la aspiración por lo sobrenatural como un desagrado por lo terrenal. Esta fase pasa, sin embargo, y es seguida por una fase tan iluminadora como oscura era la otra, tan alegre como infeliz era la otra, tan productiva como estéril era la otra, y tan cercana a la realidad como la otra parecía lejana de ella. En esa presencia sagrada tiene lugar un proceso purificador. El viejo y familiar yo defectuoso se desprende como las hojas de un árbol en otoño. Hace el descubrimiento radiante en su corazón de su bondad original. Pero ay, cuando la presencia se va, el yo inferior regresa y retoma la soberanía. El período de iluminación a menudo es seguido por un período de oscuridad. Un avance espiritual que llega inesperadamente suele ser seguido por un período de retroceso. Al júbilo le sigue la depresión.

---

406 *Agendas,* 2-4-24.

Aún lo espera una prueba mayor. El Yo Superior exige un sacrificio sobre su altar tan absoluto, tan completo, que incluso el inocente anhelo natural de felicidad personal debe ser ofrecido. Como ningún novato y unos pocos intermedios podrían soportar esta noche oscura del alma, y como incluso los expertos no pueden soportarla sin murmurar, está reservada solo para el último grupo: lo que significa que sucede en una etapa avanzada del camino, entre un período de gran iluminación y otro de unión sublime.

Durante este período, el místico se sentirá abandonado, emocionalmente fatigado y tan aburrido intelectualmente que puede convertirse en un alma enferma. Los ejercicios de meditación serán imposibles e infructuosos, las aspiraciones muertas y poco atractivas. Lo envolverá una sensación de terrible soledad. El interés puede desvanecerse o puede llegar a dominar el sentimiento de que el progreso ulterior está paralizado. Sin embargo, a pesar de las apariencias contrarias, todo esto forma parte de su desarrollo, que ha dado un giro que lo completará y lo hará más pleno. La mayoría de las veces, el estudiante se ve inmerso en nuevos tipos de experiencia durante el período oscuro. El Yo Superior lo envía a soportar pruebas y lograr el equilibrio.

La característica más peligrosa de la "noche oscura" es un debilitamiento de la voluntad que ocurre al mismo tiempo que reaparecen antiguas tendencias malignas olvidadas. Éste es el punto en el que el aspirante realmente está siendo probado, y donde una proporción de aquellos que han alcanzado este alto grado fracasan en la prueba y caen durante varios años en un estado inferior.

Incluso Mahoma tuvo que pasar por esta experiencia de la noche oscura del alma. Duró tres años y ninguna iluminación o revelación vino a iluminar su corazón deprimido. De hecho, incluso consideró la idea de suicidarse para ponerle fin a esto; y sin embargo, su realización suprema y su tarea que cambiaría al mundo aún estaban por delante de él.

El que ha pasado por esta más profunda y más larga de las "noches oscuras" que precede al logro de la madurez nunca más podrá sentir un júbilo emocional excesivo. La experiencia ha sido como una operación quirúrgica al apartarlo de tales placeres. Además, aunque su carácter será siempre sereno, también estará un poco afectado por esa melancolía que debe sobrevenirle a quien no solo ha sondeado las profundidades de la angustia de la vida, sino que también ha sido el receptor constante de las historias de dolor de otras personas.

El aspirante puede descansar en el estado pasivo de autoabsorción solo por un corto tiempo, durante unas pocas horas como máximo. Los dictados implacables de la Naturaleza lo obligan a regresar a su estado común reprimido de vida activa.

Este vaivén intermitente entre la arrebatada autoabsorción y el regreso a la conciencia común lo atormentará hasta que se dé cuenta de cuál es el objetivo final. Terminará solo cuando su egoísmo haya terminado. Hasta ahora ha logrado superarlo completamente solo en el estado contemplativo. Ahora debe superarlo en su estado activo habitual. Pero el ego no lo dejará aquí a menos que se haya cumplido el propósito de su propia evolución. Por lo tanto, debe completar su desarrollo de forma integral, llevándolo a la estabilidad y el equilibrio y luego renunciar a él por completo. Con la completa abnegación del ego, sobreviene la unidad perfecta, ininterrumpida y permanente con el Yo Superior.[407]

Al liberarse en gran medida de los apegos –y especialmente del más sutil pero mayor de todos: el apego al ego– el corazón se vacía. En el vacío así creado, la Gracia puede fluir. Los místicos

407 *Agendas,* 23-3-1.

que se quejan de la noche oscura del alma son llevados a saber que es un proceso por el cual se va aumentando este espacio en el corazón, un aplastamiento del yo hasta convertirlo en polvo, para dejar lugar a la Gracia. Si así son llevados a la nada, que recuerden que el Yo Superior es nada.[408]

EL MUNDO COMO ILUSIÓN ES UN PASO

El mundo no es ni una ilusión ni un sueño, sino que es analógicamente como ambos. Es cierto que los místicos y yoguis lo experimentan como tal. Éste es un paso adelante hacia la liberación, pero no debe confundirse con la liberación misma. Cuando pasen a la etapa superior o filosófica, descubrirán que todo es Mente, ya sea que esta última esté creativamente activa o latentemente pasiva; que el mundo es, en su materia esencial, esta Mente, aunque sus formas particulares sean transitorias y mortales; y que, por lo tanto, no hay una diferencia real entre la experiencia terrenal y la divina. Aquellos que están casados con las formas, es decir, las apariencias, establecen tal diferencia y postulan espíritu y materia, nirvana y samsara, Brahman y Maya, y así sucesivamente, como opuestos antitéticos, pero aquellos que han desarrollado el profundo insight perciben la materia esencial de todo, incluso mientras perciben sus formas; por lo tanto, ven todo como Uno. Es como si un soñador supiera que está soñando y comprendiera así que todas las escenas y figuras del sueño no son nada más que una y la misma cosa –su mente– sin perder su experiencia onírica.[409]

No se debe permitir que se malinterprete el *Ashtavakra Samhita*. No predica la ociosidad mística y la indiferencia. El

---

408 *Agendas,* 23-3-57.

409 *Agendas,* 21-3-24.

mundo está ahí tanto para el sabio como para el estudiante, y ambos deben trabajar y servir, siendo la diferencia solo mental. El ilusionismo no es la doctrina, excepto como una etapa intermedia hacia la verdad, que es superior. Uno debe participar en la obra de Dios ayudando a la evolución y redimiendo al mundo, no quedarse solo y en cuclillas, ociosamente y en paz.[410]

El Advaitin que declara que, como tal, no tiene punto de vista, ya ha adoptado uno al llamarse Advaitin y al rechazar cualquier otro punto de vista por ser dualista. Una filosofía humana no es ni solo dualista ni solo no-dualista. Percibe la conexión entre el sueño y el soñador, lo Real y lo irreal, la conciencia y el pensamiento. Acepta el Advaita, pero se niega a detenerse en él; acepta la dualidad, pero se niega a permanecer limitada a ella; por lo tanto, solo ella está libre desde un punto de vista dogmático. Pero al intentar armonizar lo que siempre es y lo que está limitado por el tiempo y el espacio, se convierte en una filosofía de la Verdad, verdaderamente humana.[411]

La mente pasa por una etapa en la que, al buscar la verdad, descubre que el mundo es diferente de lo que parece ser, y que su sustancia material no es materia en absoluto sino energía: su forma es ilusoria. Pero esto no es el final. Porque el buscador no se detiene allí; si sigue adelante, puede descubrir que la ilusión es en sí misma una ilusión. Luego descubre que se deriva de la realidad y que es una forma asumida por la realidad. Ésta es la iluminación del sabio, ésta es su experiencia.[412]

410 *Agendas,* 19-1-57.

411 *Agendas,* 20-1-478.

412 *Agendas,* 25-2-229.

INTUICIÓN

La intuición debe guiar todas las demás facultades del individuo. Deben seguirla incluso cuando no estén de acuerdo con su guía. Porque la intuición ve más allá de lo que ellas pueden, siendo una emanación del aspecto divino de uno mismo que, a su modo, es una porción de la deidad universal. Si puede estar seguro de que no es una pseudointuición, la verdad que contiene lo conducirá a lo mejor de la vida, ya sea espiritual o mundana.[413]

Ser guiado intuitivamente no significa que todos los problemas se resolverán instantáneamente, tan pronto como aparezcan. Algunas soluciones no llegarán a la conciencia hasta casi el último minuto, antes de que sean realmente necesarias. Aprende a ser paciente, a dejar que el poder superior siga su propio curso.[414]

La mente gobernada intuitivamente es la mente indivisa. No tiene que elegir entre contrastes o aceptar una de dos alternativas. No sufre la doble cara de ser arrastrada de un lado a otro por evidencias conflictivas, emociones contradictorias o juicios vacilantes.[415]

Es un estado de inteligencia pura, pero sin la intervención del proceso intelectual e ideacional. Su producto puede llamarse intuición. No hay ideas concebidas automáticamente presentes en ella, ni formas de pensar habitualmente seguidas. Es quietud pura y clara.[416]

---

413 *Agendas*, 22-1-246.

414 *Agendas*, 22-1-180.

415 *Agendas*, 22-1-257.

416 *Agendas*, 22-3-204.

El futuro incumplido no debe convertirse en objeto de pensamientos ansiosos ni de planes dichosos. El hecho de que haya dado el tremendo paso de ofrecer su vida en entrega al Yo Superior lo impide. Debe, de ahora en adelante, dejar que ese futuro se cuide solo, y esperar que la voluntad superior se le presente poco a poco. Esto no debe confundirse con la vagancia ociosa, la inercia apática de personas débiles e indolentes que carecen de las cualidades, la fuerza y la ambición para afrontar la vida con éxito. Las dos actitudes están en oposición.

El verdadero aspirante que dio un giro positivo en su vida personal y mundana para ponerse al cuidado del poder impersonal y superior en cuya existencia cree plenamente, lo ha hecho con un propósito inteligente, una fuerza de voluntad abnegada y una evaluación correcta de lo que constituye la felicidad. Solo la experiencia real puede decirnos qué significa esta guía intuitiva de aceptar o rechazar las circunstancias mismas en el alivio de cargas de ansiedad de su mente. Significará también viajar por la vida paso a paso, sin tratar de llevar el futuro además del presente. Será como cruzar un río sobre una serie de peldaños, contentándose con llegar a uno a la vez con seguridad y pensando en los demás solo cuando se alcancen progresivamente, y no antes. Significará libertad de falsas anticipaciones y planes inútiles, de tratar en vano forzar un camino diferente al ordenado por Dios. Significará libertad del tormento de no saber qué hacer, porque cada decisión necesaria, cada elección necesaria, se volverá clara y obvia para la mente justo cuando se acerque el momento de tomarla. La intuición tendrá por fin la oportunidad de suplantar al ego en tales asuntos. Ya no estará a merced de las malas cualidades y la tonta presunción de este último.[417]

---

417 *Agendas,* 18-4-145.

INSIGHT

La intuición conoce la verdad terrenal, sin la intervención del razonamiento, mientras que el insight conoce la verdad divina de la misma manera directa.[418]

Cuando el misterio de todo se resuelve, no solo intelectualmente sino en la experiencia, no solo en la persona misma sino trascendiéndola, no solo en la profundidad de la meditación sino en el mundo de la actividad; cuando esta respuesta se siente ricamente como Presencia y Dios, claramente conocida como Significado y Mente, entonces, si hablara, exclamará: "¡Así es!" Pero esto no es el vislumbre del principiante: es el insight estable del sabio.[419]

Necesitamos conocer la verdad, el conocimiento-sabiduría, pero esto no es suficiente. Necesitamos tener la experiencia mística viviente, el sentimiento vital de lo que soy, pero esto tampoco es suficiente. Porque necesitamos sintetizar los dos en una realización intuitiva plena y real, conferida por el Yo Superior. Esto es la Gracia. Esto es emerger finalmente: ¡nacer de nuevo![420]

Muchos se quejan de que no son capaces de poner fin con éxito a sus pensamientos activos durante la meditación. En el antiguo arte indio del yoga, esta cesación –llamada *nirvikalpa samadhi* en sánscrito– se considera la etapa más alta que debe alcanzar el practicante. Esta situación debe ser contemplada desde dos puntos de vista separados y distintos: desde el del yoga y desde el de la filosofía. Los aspirantes a filósofos buscan establecerse en ese

418 *Agendas,* 20-4-151.

419 *Agendas,* 25-2-24.

420 *Agendas,* 25-2-51.

insight de la Realidad que se llama Verdad. El sentimiento intuitivo es una manifestación superior de las facultades humanas. Mientras el sentimiento mismo permanezca libre de ilusiones, y –después de una incesante reflexión, indagación, estudio, recuerdo, reverencia, aspiración, entrenamiento del pensamiento y purificación– un individuo se da cuenta que el insight surge en su mente, puede que no necesite practicar meditación. Puede hacerlo y sentirá la satisfacción y la tranquilidad que de ella se derivan. Aquellos que se vuelvan suficientemente competentes en el yoga, incluso si logran la cesación completa de los pensamientos, aún deberían continuar la búsqueda de la comprensión y el insight. Si están contentos con su logro, pueden permanecer durante años disfrutando de la dicha, la tranquilidad, la paz de un estado meditativo; pero esto no significa conocimiento en su sentido pleno.[421]

Ni la meditación profunda ni la experiencia pueden dar más que un vislumbre temporal. La iluminación completa y permanente, que ha de quedarse con el individuo y nunca dejarlo, solo puede venir después de que él tenga un insight claro de la naturaleza del Yo Superior.[422]

En esta sorprendente revelación, descubre que él mismo es el buscador, el maestro y la meta buscada.[423]

¿Se logra el insight de forma gradual o repentina, como afirman los budistas Zen? Aquí nuevamente, ambas afirmaciones son correctas, si se las considera en conjunto como partes de una visión más amplia y completa. Tenemos que empezar por

---

421 *Agendas,* 20-4-138.

422 *Agendas,* 22-8-11.

423 *Agendas,* 28-2-153.

cultivar los sentimientos intuitivos. Estos nos llegan con poca frecuencia al principio, por lo que el proceso es gradual y largo. Eventualmente, llegamos a un punto, un punto muy avanzado, donde el ego ve su propia limitación, percibe su impotencia y dependencia, se da cuenta de que no puede elevarse a las iluminaciones finales. Entonces debería entregarse por completo al Yo Superior y confiar su desarrollo ulterior a la misericordia y la Gracia del poder más allá de él. Entonces tendrá que pasar por un período de espera de aparente inactividad, estancamiento espiritual e incapacidad para sentir el fervor de la devoción que anteriormente sentía. Ésta es una especie de noche oscura del alma. Luego, lentamente, comienza a salir de esta fase, que a menudo va acompañada de depresión mental y frustración emocional, hacia una fase superior donde se siente completamente resignado a la voluntad de Dios o del destino, tranquilo y pacífico en el sentido de aceptar esa voluntad superior y no en un sentido alegre, esperando pacientemente el momento en que la sabiduría infinita le traerá lo que una vez buscó tan ardientemente pero de lo que ahora está tan desapegado como está desapegado de las ambiciones mundanas. Después de esta fase vendrá de repente, inesperadamente y en la oscuridad de la noche, por así decirlo, una tremenda Realización del estado sin ego, un tremendo sentimiento de liberación de sí mismo tal como se ha conocido a sí mismo, una tremenda conciencia de la infinitud, universalidad e inteligencia de la vida. Con eso, nuevas percepciones sobre las Leyes del cosmos se revelarán repentinamente. Así pues, el buscador debe pasar de la intuición al insight.[424]

Al individuo que ha recorrido el camino de la devoción amorosa a Dios y finalmente ha obtenido la recompensa de una frecuente, feliz y ardiente comunión interior con Dios, así como

424 *Agendas,* 25-2-55.

para el individuo que ha practicado el camino de la auto-recolección mística y ha alcanzado una frecuente conciencia de la presencia del Yo Superior, puede sucederle un cambio inesperado y desagradable poco a poco o de repente. Dios parecerá retirarse del devoto, el Yo Superior del místico. Las bienaventuranzas se desvanecerán y terminarán. Aunque esta experiencia no tendrá nada del terror o el aislamiento y la miseria de la "noche oscura", será comparable a ese momento inolvidable. Y aunque parecerá una retirada de la Gracia, la verdad oculta es que en realidad es un otorgamiento más profundo y ulterior de la Gracia. Porque el individuo está siendo conducido a la siguiente etapa que consiste en redondear, equilibrar y completar su desarrollo. Se le enseñará a hacer esto adquiriendo primero conocimiento cosmológico y, más tarde, alcanzando la sabiduría ontológica. Es decir, aprenderá algo sobre la Idea-del-Mundo y luego, una vez obtenido esto, pasará a aprender la naturaleza de esa Realidad en cuya luz incluso el universo es una ilusión. Así, del estudio de las operaciones del Poder detrás de la Idea-del-Mundo, pasa a reflexionar sobre el Poder mismo. Este último implica el grado más elevado de concentración y es, de hecho, el misterioso y poco practicado Yoga de lo Incontradecible. Cuando se sigue con éxito, se produce el logro del *Insight*, el descubrimiento final de que no hay otro ser que AQUELLO, ninguna entidad secundaria.[425]

NIRVIKALPA / VACÍO

Esta misteriosa experiencia parece también haber sido conocida por Dionisio el Areopagita. Es definitivamente una experiencia que pone fin al proceso de meditación, pues el místico no puede entonces ir más alto ni más profundo. Se la llama de diversas maneras: "la Nada" en Occidente y "*nirvikalpa samadhi*" en

425 *Agendas,* 22-8-24.

Oriente. Todo en el mundo se desvanece y, junto con el mundo desaparece el ego personal; en realidad no queda nada excepto la Conciencia-en-Sí. Si algo puede cavar bajo las bases del ego y desestabilizar su presente y futuro, es este asombroso evento. Sin embargo, dado que sigue siendo una experiencia, tiene un inicio y un fin. Aunque se recuerde para siempre, un recuerdo no es la condición final y establecida que está abierta al individuo: para eso, debe introducirse la filosofía. El misticismo puede eliminar el ego temporalmente después de, primero, adormecerlo; pero la filosofía comprende el ego, lo pone en su lugar, su lugar subordinado, de modo que el individuo permanece siempre sin ser abandonado por la conciencia pura.[426]

Quien logre adentrarse lo suficientemente profundo en su propia conciencia, puede encontrar una fase en la que ésta desaparece como persona, como el yo pequeño y limitado, pero se transforma en el Ser Universal y luego, aún más allá, en el Vacío. Este Vacío no es la aniquilación de la Conciencia, sino su plenitud; no es vacuidad sino verdadera conciencia, libre de actividades atenuantes, no es la adulteración de la misma por pensamientos o imaginaciones, sino su pureza. De esta manera, experimenta su propia nada-personal. A partir de esto, puede comprender dos cosas: por qué tantos profetas han enseñado que el yo bloquea nuestro camino y por qué los budistas Mahayana han enseñado la realidad del Vacío.[427]

En esta tercera etapa, hay una condición que nunca deja de suscitar el mayor asombro cuando comienza la iniciación en ella. En ciertos aspectos corresponde, y es mentalmente paralela, a la condición del embrión en el útero materno. Por lo tanto, los

---

426 *Agendas,* 20-4-116.

427 *Agendas,* 23-8-73.

místicos que la han experimentado la llaman "el segundo nacimiento". La mente es atraída de manera tan profunda hacía ella misma y se vuelve tan absorta en sí misma que el mundo exterior desaparece por completo. La sensación de estar rodeado por una presencia mayor, a la vez protectora y benévola, es fuerte. Hay una sensación de estar completamente en reposo en esta presencia tranquilizadora. La respiración se vuelve muy tranquila y apenas perceptible. Uno también es consciente de que la nutrición está siendo extraída de manera misteriosa y rítmica de la Fuerza Vital universal. Por supuesto, no hay actividad intelectual, ni pensamiento, ni necesidad de ello. En cambio, hay un s-a-b-e-r. No hay deseos, ni anhelos, ni necesidades. Una paz feliz, casi al borde de la dicha, como podría ser el amor humano sin sus pasiones y mezquindades, lo mantiene a uno en un cautiverio mágico. En su libertad de toda perturbación y actividad mental, de todo movimiento pasional y agitación emocional, la condición tiene algo de inocencia infantil. De ahí el dicho de Jesús: "Si no os hacéis como niños pequeños, no entraréis en el Reino de los Cielos". Pero esencialmente es un retorno al vientre espiritual, a nacer de nuevo en un nuevo mundo de ser donde al principio él es personalmente tan indefenso, tan débil y tan dependiente como el embrión físico.[428]

Todo lo que interfiera en la quietud mental en esta etapa sumamente crítica debe ser rechazado, sin importar cuán virtuoso o cuán "espiritual" se presente. Solo mediante el lapso de todo pensamiento, mediante la pérdida de toda capacidad de pensar, puede uno mantener esta quietud tan sólida como debería ser mantenida. Es solo aquí donde se librará la última gran batalla y donde se logrará la primera gran realización. Esa batalla será la que dará el golpe mortal final al ego; esa realización será la unión

---

428 *Agendas,* 23-7-11.

con el Yo Superior después de la muerte del ego. Tanto la batalla como la realización deben tener lugar dentro de la quietud; no deben ser solo una cuestión meramente intelectual de pensamiento ni una cuestión meramente emocional de sentimiento. Aquí, en la quietud, tanto el pensamiento como la emoción deben morir y el ego entonces perderá su poderoso apoyo. Por lo tanto, solo aquí es posible enfrentar al ego con alguna posibilidad de victoria.[429]

Cuando nos despojamos de los pensamientos y deseos del ego personal, nos contemplamos como éramos en el primer estado y como seremos en el último. Entonces somos solo el Yo Superior, en su Divina soledad y quietud.[430]

Cuando uno recorre el curso de la meditación hasta los lugares más profundos de su ser, y si los sondea hasta su máximo alcance, al final cruza el umbral del Vacío y entra en un estado que es el no ser para el ego, pues allí no puede existir ningún recuerdo ni ninguna actividad de su yo personal. Sin embargo, no es aniquilación, porque una cosa permanece: la Conciencia. De esta manera, y considerando lo que sucede desde el punto de vista de su estado habitual en un momento posterior, uno aprende que este residuo es su ser real, su propio Espíritu, su vida duradera. También aprende por qué cada movimiento que lo saca de la quietud del Vacío hacia una actividad mental personal es un retorno a un estado inferior y un descenso a un plano más bajo. Ve que entre tales movimientos debe clasificarse incluso la respuesta a pensamientos como "Soy un Maestro. Él es mi discípulo", o "Estoy siendo usado para sanar la enfermedad de este hombre". En su propia mente, no es ni un maestro ni un sanador.

---

429 *Agendas,* 23-8-153.

430 *Agendas,* 24-4-1.

Si otros hombres eligen considerarlo como tal y obtienen ayuda para estar libre de pecado o curarse de una enfermedad, él no se atribuye ningún mérito por el resultado, sino que lo ve como si el "milagro" hubiera sido realizado por un extraño.[431]

Recuerdo la primera vez que tuve esta sorprendente experiencia. Me gustaba desaparecer de Londres siempre que el clima lo permitía y pasear por las orillas del río Támesis en sus zonas rurales más pintorescas. Si el día estaba soleado, estiraba mis pies, me tumbaba en el césped, sacaba un cuaderno y un bolígrafo del bolsillo, sabiendo que eventualmente surgirían pensamientos que tendrían para mí un carácter instructivo o incluso revelador, aparte de los habituales que eran meramente expresivos. Un día, mientras esperaba que surgieran estos pensamientos, perdí totalmente la sensación de estar allí. Parecía disolverme y desaparecer de ese lugar, pero no de la conciencia. Había algo allí, una presencia, ciertamente no yo, pero yo era plenamente consciente de ella. Parecía ser algo de la máxima importancia, lo único que importaba. Después de unos minutos regresé, me descubrí de nuevo en el tiempo y el espacio; pero una gran paz me había tocado y un sentimiento muy benévolo aún permanecía conmigo. Miré los árboles, los arbustos, las flores y el césped y sentí una tremenda simpatía por ellos y luego, cuando pensaba en otras personas, una tremenda benevolencia hacia ellas.[432]

La experiencia real, por sí sola, puede resolver este argumento. Esto es lo que descubrí: el ego desapareció; el "yo" cotidiano que el mundo conocía y que conocía al mundo, ya no estaba allí. Pero una individualidad nueva y más divina apareció en su lugar, una conciencia que podía decir "YO SOY" y que reconocí que había

---

431 *Agendas,* 23-8-71.

432 *Agendas,* 22-6-80.

sido mi yo real todo el tiempo. No se había perdido, fusionado o disuelto: era plena y vívidamente consciente de que era un punto en la Mente universal y, por lo tanto, no estaba separado de esa Mente misma. Solo el yo inferior, el falso yo, había desaparecido, pero esa era una pérdida por la cual estar inmensamente agradecido.[433]

El ego deja de existir totalmente y se absorbe completamente en el Yo Superior solo en estados especiales, temporales y similares al trance. En todos los demás momentos, y ciertamente en todos los momentos activos y cotidianos, continúa existiendo. El fracaso en aprender y comprender este importante punto siempre causa mucha confusión en los círculos místicos. El estado al que se llega en la meditación profunda es una cosa; el estado al que se regresa después de esa meditación es otra. El ego desaparece en uno, pero reaparece en el otro. Pero hay ciertos efectos posteriores de esta experiencia sobre el ego que provocan gradualmente un cambio en su relación con el Yo Superior. Se somete, obedece, expresa y refleja al Yo Superior.[434]

En la meditación más profunda –el *Nirvikalpa Samadhi* de los yoguis indios– se puede experimentar tanto la ausencia de ego como la paz dichosa. Pero es un estado temporal; debe seguir el regreso al mundo, por lo que la búsqueda no ha terminado. El siguiente paso o etapa es la *aplicación,* llevar a la vida cotidiana activa este desapego sin ego y esta calma satisfactoria.[435]

El mundo desaparece abruptamente de su percepción. Está suspendido durante unos minutos en la Nada, el mismo gran Vacío

433 *Agendas,* 28-2-142.

434 *Agendas,* 8-1-213.

435 *Agendas,* 24-3-319.

en el que Dios está eternamente suspendido. Su contemplación ha tenido éxito y, al tener éxito, lo ha llevado del yo al Yo Superior.[436]

Si no existe tal entidad como un "yo", un ego, tienes derecho a preguntar *quién* es entonces el que tiene esta iluminación. Y la respuesta es la única posible: es el Vacío teniendo la experiencia de sí mismo: o redescubriéndose a sí mismo como lo hace en cada persona que alcanza este nivel.[437]

El que atraviesa estas fases más profundas del Vacío nunca más podrá volver a considerar nada ni a nadie como suyo. Se vuelve secreta y espiritualmente despojado de todas las posesiones personales. Esto se debe a que ha comprendido perfectamente la total inmaterialidad, la ausencia de espacio, la atemporalidad y la ausencia de forma de lo Real: una realización que, en consecuencia, no le deja nada a lo que aferrarse, ni dentro del mundo ni dentro de su personalidad. No solo el sentido posesivo desaparece de su actitud hacia las cosas físicas, sino también hacia las intelectuales.[438]

Nuestros pensamientos pasan y se evaporan en un aparente vacío. ¿Puede ser que este vacío sea realmente una nada, realmente menos existente que los pensamientos que recibe? No, el vacío no es nada más, no puede ser nada más que la Mente misma. Los pensamientos se fusionan hacia el interior en su esencia secreta: el Pensamiento.[439]

---

436 *Agendas,* 23-8-94.

437 *Agendas,* 25-2-221.

438 *Agendas,* 23-8-180.

439 *Agendas,* 19-5-15.

Psicológicamente, el trance del vacío es más profundo que el insight del conocimiento del mundo, pero metafísicamente no lo es, pues en ambos casos se ve una y la misma Realidad.[440]

El Infinito no puede oponerse al finito como si fueran un par de opuestos. Solo las cosas que están en el mismo nivel pueden oponerse entre sí. Estos no lo están. El Infinito incluye y contiene dentro de sí mismo todos los finitos posibles. La importancia práctica de esta verdad es que la Mente no solo puede experimentarse en el Vacío sino también en el mundo. La Realidad no solo debe ser descubierta tal como es, sino también debajo de sus disfraces fenomenales.[441]

Sin embargo, cuanto más profundamente viajamos, menos necesidad tenemos de pensamientos y palabras, pues toda multiplicidad se colapsa en esta unidad maravillosa. No podemos pensar ni hablar de este estado sublime con precisión. Por lo tanto, el único medio, con el que podemos representarlo adecuadamente es el silencio.[442]

SAHAJA

En los círculos populares y religiosos de la India, la idea general es que el estado más elevado de iluminación se alcanza durante un estado de trance (*samadhi*). Esta no es la enseñanza que se da en los círculos filosóficos más elevados de la India. Existe otro estado, el *sahaja samadhi*, que se describe en unos escasos textos poco conocidos y que se considera superior. Se lo valora porque no es necesario ningún trance y porque es un estado continuo.

---

440 *Agendas,* 23-7-301.

441 *Agendas,* 20-4-124.

442 *Agendas,* 1-6-778.

El estado inferior es aquel en el que se entra y se sale de forma intermitente: no se puede retener sin volver al trance. El "cuarto estado" filosófico, por el contrario, permanece ininterrumpido, incluso cuando él está activo y despierto en el mundo ajetreado.[443]

¿Cuál es la diferencia entre el estado de contemplación más profunda, que los hindúes llaman *nirvikalpa samadhi*, y el que ellos llaman *sahaja samadhi*? El primero es solo una experiencia temporal, es decir, comienza y termina, así el hombre, en realidad, experimenta una elevación de la conciencia, adquiere una nueva y más elevada perspectiva. Pero sahaja es la realización continua e ininterrumpida de que, como Yo Superior, siempre fue, es y será. No es un sentimiento de que se ha obtenido algo nuevo y superior. ¿Cuál es la prueba absoluta que distingue una condición de la otra, ya que ambas son conciencia del Yo Superior? En *nirvikalpa* el ego desaparece pero reaparece cuando se reanuda el estado habitual: por lo tanto, solo ha arrullado, aunque se ha debilitado ligeramente por el proceso. En *sahaja*, el ego es erradicado de una vez por todas. ¡No solo desaparece, sino que no puede reaparecer![444]

No se debe alcanzar el Yo Superior solo en trance; debe ser conocido en plena conciencia despierta. El trance es simplemente la fase más profunda de la meditación, que a su vez es un instrumento para preparar la mente para descubrir la verdad. El yoga no proporciona la verdad directamente. El trance no hace más que concentrar la mente perfectamente y calmarla por completo. La realización puede llegar después de que la mente se encuentre en ese estado y después de que haya comenzado a indagar, con ese instrumento mejorado, sobre la verdad.[445]

---

443 *Agendas,* 25-2-147.

444 *Agendas,* 25-2-139.

445 *Agendas,* 23-7-122.

Hay que recordar que el vislumbre no es la meta de la vida. Es un acontecimiento, algo que comienza y termina, pero algo que es de inmenso valor contribuyendo a la vida filosófica, a su conciencia cotidiana, su naturaleza común y estable. La vida filosófica se establece de manera continua y permanente en la presencia divina; el vislumbre viene y va dentro de esa presencia. El vislumbre es excepcional y emocionante; pero *sahaja*, el estado establecido, es común, normal, cotidiano. El vislumbre tiende a apartarnos de la actividad, aunque sea solo por unos momentos, mientras que *sahaja* no tiene que detener su actividad externa.[446]

Ramana Maharshi solía usar el término *sahaja samadhi* para describir lo que consideraba el mejor estado. Aunque la palabra *samadhi* se asocia demasiado a menudo con el trance yóguico, no hay nada de eso en su uso de este término. Decía que era el mejor estado porque era bastante natural, nada forzado, artificial o temporal. Podemos equipararlo con la frase del Zen: "Esta vida es la vida misma" y "¡Sigue caminando!"[447]

Es el arte de ser ingenuo, espiritual sin hacerlo conscientemente. Es el logro de la quietud mental sin esfuerzo. Es una vida cotidiana, además de una extraordinaria conciencia continua.[448]

Soy un Advaitin en el punto fundamental de la no-dualidad de lo Real, pero no puedo limitarme a la visión práctica de la mayoría de los Advaitin sobre *samadhi* y *sahaja*. En esto estoy de acuerdo con el Zen chino (Ch'an), especialmente como me enseñó y explicó el Sexto Patriarca, Hui Neng. Él advierte contra

446 *Agendas,* 22-8-23.

447 *Agendas,* 25-2-133.

448 *Agendas,* 23-1-142.

convertir la meditación en un narcótico, resultando en una pasividad placentera. Llegó al punto de declarar: "Es totalmente innecesario quedarse en monasterios. Solo deja que tu mente... funcione en libertad... no la retengas en ninguna parte." Y en relación con esto explica más adelante: "Estar libre del apego a todos los objetos externos es la verdadera meditación. Meditar significa realizar así la tranquilidad de la Esencia de la Mente."

En cuanto al *samadhi*, lo define como una mente auto-entrenada para estar desapegada de los objetos, descansando en tranquilidad y paz. En cuanto al *sahaja*, es la comprensión profunda de la verdad sobre la realidad y la penetración en y a través de la ilusión, hacia la Esencia de la Mente. La noción india de *sahaja* lo hace la extensión del *nirvikalpa samadhi* al estado activo diario. Pero la concepción del *nirvikalpa samadhi* por Ch'an difiere de esto: no busca deliberadamente eliminar los pensamientos, aunque eso pueda suceder a menudo por sí solo a través de la identificación con la Mente verdadera, sino eliminar los sentimientos personales usualmente asociados con ellos, es decir, permanecer inafectado por ellos debido a esta identificación.

El Ch'an no considera que *sahaja* sea fruto únicamente de la meditación yóguica, ni únicamente de la comprensión, sino aparentemente de una combinación de ambas. Es una unión de la razón y la intuición. Es un despertar de una vez por todas. No se obtiene en *nirvikalpa* para luego mantenerlo tanto tiempo como sea posible. No es algo, un estado que se gana y se pierde alternativamente en numerosas ocasiones, sino que se expande gradualmente a medida que uno se aferra a él. Es un despertar único que ilumina al hombre para que nunca más regrese a la ignorancia. Ha despertado a su esencia divina, su fuente en la Mente, como una autoidentificación que dura todo el día y todos los días. Ha llegado por sí solo, sin esfuerzo.[449]

449 *Agendas,* 25-2-141.

Si la gloriosa realización del Yo Superior estuviera desprovista de cualquier sentimiento, entonces la realización en sí misma sería un absurdo tangible. No valdría la pena tenerla. El gran insight de la realidad ciertamente no está despojado de un fervoroso deleite y seguramente no es un concepto intelectual árido. Está debidamente saturada de una exaltada emoción, pero no es solo esta emoción. El sentimiento beatífico de lo que es real es completamente compatible con el conocimiento preciso de lo que es real; no hay contradicción entre ellos. De hecho, deben coexistir. Es más, hay un punto en el camino filosófico donde incluso se encuentran. Tal punto marca el comienzo de una sabiduría estable que no será víctima de la alternancia despiadada entre el flujo y el reflujo de un emocionalismo arrebatador, sino que sabrá que habita en la atemporalidad aquí y ahora; por lo tanto, no estará sujeta a tales fluctuaciones de humor. Mejor que los exuberantes arrebatos y depresiones emocionales del temperamento místico es la ecuanimidad mental que no tiene ascensos ni caídas y que debería ser el objetivo de los estudiantes de visión amplia. Los intermitentes destellos de iluminación pertenecientes a la etapa mística son reemplazados por una luz constante solo cuando se alcanza y se atraviesa el estado filosófico. El objetivo filosófico es superar la diferencia entre intuiciones esporádicas y conocimiento constante, entre éxtasis espasmódicos y percepción controlada, y así lograr un estado permanente de iluminación, permaneciendo inquebrantablemente y en todo momento en el Yo Superior.[450]

Cuando despiertes a la verdad tal como es realmente, no tendrás visión oculta, no tendrás experiencia "astral", ni éxtasis encantador. Despertarás a ella en un estado de absoluta quietud, y te darás cuenta de que la verdad siempre estuvo dentro de ti y

450 *Agendas,* 20-4-22.

que la realidad *siempre* estuvo ahí, dentro de ti. La verdad no es algo que haya crecido y desarrollado a través de tus esfuerzos. No es algo que se haya logrado o alcanzado sumando laboriosamente esos esfuerzos. No es algo que tenga que hacerse cada vez más perfecto cada año. Y una vez que tus ojos mentales se abren a la verdad, nunca más podrán cerrarse.[451]

El sahaja samadhi no se divide en intervalos, es permanente y no implica ningún esfuerzo especial. Su surgimiento es instantáneo y sin etapas progresivas. Puede acompañar la actividad diaria sin interferir en ella. Es una calma asentada y una completa quietud interior.

No hay marcas distintivas que un observador externo pueda usar para identificar a una persona con conciencia sahaja porque sahaja representa la conciencia misma en lugar de sus estados transitorios.

Sahaja ha sido llamado el relámpago. La filosofía lo considera la meta más deseable.

Esto se ilustra con un ejemplo clásico de espiritualidad india que involucra a un rey llamado Janaka. Un día estaba a punto de montar su caballo y metió un pie en el estribo que colgaba de la silla. Cuando estaba a punto de subirse a la silla, el "relámpago" golpeó su conciencia. Fue llevado instantáneamente y concentrado tan profundamente que, por algún tiempo, no logró elevarse más. Desde ese día en adelante vivió en *sahaja samadhi* que siempre estuvo presente dentro de él.

Aquellos que han alcanzado el estado de *sahaja* no sienten ninguna compulsión de seguir meditando o practicando yoga. A menudo lo hacen: ya sea debido a inclinaciones producidas por hábitos pasados o como un medio para ayudar a otras personas. En cualquier caso, se experimenta como un placer. Debido a que

451 *Agendas,* 25-2-77.

esta conciencia es permanente, el experimentador no necesita entrar en meditación. Esto es a pesar de la apariencia exterior de una persona que se coloca en la postura de meditación para lograr algo.

Cuando estás involucrado en una actividad exterior no es lo mismo que cuando estás en trance. Esto es cierto tanto para el principiante como para el adepto. El adepto, sin embargo, no pierde la conciencia *sahaja* que ha alcanzado y puede retirarse a las profundidades de la conciencia, algo que la persona común no puede hacer.[452]

El que puede permanecer en el mundo y mantener su calma en todas las condiciones –ya sean atractivas o repulsivas– que puede moverse en la sociedad sin ser víctima de los deseos, apegos o avaricias que la afligen, que nunca abandona el quieto centro divino dentro de sí mismo, ya sea que esté solo y tranquilo o con otros y activo, él es el verdadero yogui y está experimentando el verdadero *samadhi*.[453]

ETAPAS DE REALIZACIÓN

El Testigo es a la vez un concepto metafísico abstracto y una experiencia mística concreta. No es un último estado, que produzca el puro Ser, de Conciencia no dividida, sino un estado provisional.[454]

Aunque el aspirante ha despertado ahora a su yo testigo, ha encontrado su "alma", y se ha elevado así muy por encima de la masa de la humanidad, todavía no ha cumplido plenamente la

452 *Agendas,* 25-2-138.

453 *Agendas,* 24-3-325.

454 *Agendas,* 25-2-98.

tarea que le ha encomendado la vida. Aún le espera un esfuerzo más. Todavía tiene que darse cuenta de que el yo-testigo es solo una *parte* del yo-Todo. Por lo tanto, su próxima tarea es descubrir que él no es meramente el testigo del resto de la existencia, sino que esencialmente es de una misma materia que ella. En resumen, mediante meditaciones posteriores ha de darse cuenta de su unidad con el universo entero, en su ser real. Ahora debe meditar sobre su yo-testigo como siendo en su esencia el Todo-infinito. Así, los ejercicios ultramísticos se dividen en dos etapas, siendo la segunda más avanzada que la primera. El destierro de los pensamientos revela el yo interior, mientras que el restablecimiento de los pensamientos sin perder la conciencia recién adquirida revela el yo universal Todo-inclusivo. La segunda hazaña es la más difícil.[455]

No está separado de su propia experiencia, no es un observador que la está mirando. Pues solo existe el silencio interior, con el que se identifica si se vuelve a examinar el Yo, solo la pura conciencia.[456]

La traducción de la frase sánscrita *antardrishti* es literalmente “visión interior” en el sentido de ver lo que está debajo de las apariencias. No se refiere a la clarividencia en el sentido psíquico, sino más bien al sentido metafísico o místico. Se puede particularizar como el significado de entrar en el estado de conciencia de testigo. La persona común ve solo el objeto; penetrando más profundamente, entra en el estado de testigo, que es una condición intermedia; yendo aún más profundo, alcanza el estado último de la Realidad cuando no hay sujeto ni objeto, mientras

455 *Agendas,* 23-6-88.

456 *Agendas,* 22-3-294.

que en el testigo aún hay sujeto y objeto, pero el sujeto ya no se identifica con el objeto como lo hace el hombre común.[457]

Según la enseñanza de Sri Krishna en el *Bhagavad Gita*, hay dos caminos establecidos para la realización. El primer camino es la unión con el Yo más elevado –no, como algunos creen, con el Logos. Pero debido a que el Yo más elevado es un rayo del Logos, de todos modos, es lo más cercano que un ser humano puede llegar a él. El segundo camino tiene su meta última en el Absoluto, o como lo he llamado en mi último libro, el Gran Vacío. Pero ninguno de los dos caminos contradice al otro, porque el camino hacia el segundo camino pasa por el primero. Por lo tanto, no hay división en las prácticas. Ambos objetivos son igualmente deseables porque ambos ponen al hombre en contacto con la Realidad. Sería muy apropiado que cualquiera se detuviera en el primero si así lo deseara; pero para aquellos que aprecian el punto de vista filosófico, el segundo objetivo, porque incluye el primero, es más deseable.[458]

Los místicos islámicos llamados sufíes diferencian entre vislumbres, a los que llaman "estados," y avances permanentes en el camino, a los que llaman "estaciones." Los primeros se describen como no solo temporales sino también fragmentarios, mientras que los segundos se describen como portadores de resultados que no se pueden perder. Hay tres estaciones principales a lo largo del camino. La primera es la aniquilación del ego; la segunda es el renacimiento en el Yo Superior; y la tercera es la unión plenamente desarrollada con el Yo Superior. Los sufíes afirman que

457 *Agendas,* 22-8-85.

458 *Agendas,* 1-5-115.

este estado final nunca puede alcanzarse sin la Gracia del Poder Superior y que es completo, duradero e inmutable.[459]

El vislumbre momentáneo del verdadero yo no es la experiencia última. Hay otra aún más maravillosa que le espera. En ella estará atado por invisibles aros de amplia compasión desinteresada hacia todas las criaturas vivientes. El desapego será sublimado, elevado a un nivel superior, donde la Unidad universal será verdaderamente sentida.[460]

Para nosotros, que tenemos una mentalidad filosófica, la Mente-del-Mundo realmente existe. Para nosotros es Dios, y para nosotros existe una relación con ella: la relación de devoción y aspiración, de comunión y meditación. Todo el discurso abstracto sobre la no-dualidad puede continuar, pero al final los que hablan deben humillarse ante el Ser infinito hasta que sean como nada y hasta que se pierdan en la quietud: Su quietud.[461]

---

459 Extraído de 22-8-28.

460 Extraído de 22-8-107.

461 *Agendas,* 27-1-72.

CAPÍTULO X

FRUTOS DEL CAMINO

¿QUÉ ES UN FILÓSOFO/SABIO?

Es un individuo cuya percepción va más allá, cuya conciencia penetra más profundamente que la del resto de sus semejantes. Debe ir tan lejos y tan profundo que repose duraderamente en el "Yo Soy" del Yo Superior. Sin esto, no posee la primera, la más esencial y más importante de todas las credenciales necesarias para comunicar a los demás el arte de alcanzar el Yo Superior. La segunda credencial, y reconocidamente, una de menor importancia, es el deseo compasivo de efectuar esta comunicación tanto como sea posible. El tercero es que tenga un poder especial para enseñar a otros lo que sabe.[462]

El verdadero filósofo es consciente diariamente de la bendita vida interior del Yo Superior, indescriptible en su serenidad, hermosura, fortaleza y sacralidad. Mantener la mente en equilibrio, en un estado de ecuanimidad que permanece sin distraerse ni perturbarse por fuerzas y eventos externos, se vuelve perfectamente natural con el tiempo, y es un estado en el que continúa hasta la muerte. No es una condición monótona como algunos podrían creer, sino una de tal satisfacción que solo podemos

462 *Agendas,* 1-6-396.

vislumbrarla vagamente en comparación con nuestras alegrías materiales privadas de sus excitaciones emocionales.[463]

Sin mantener constantemente en perspectiva esta mentalidad original de las cosas y, por lo tanto, su unidad original con el yo y la Mente, el místico debe naturalmente confundirse, si no engañarse, por lo que considera como oposición entre Espíritu y Materia. El místico mira hacia dentro, hacia el yo; el materialista mira hacia fuera, hacia el mundo. Y cada uno *pierde* lo que el otro encuentra. Pero para el filósofo ninguno de estos dos es primario. Él mira hacia esa Mente de la cual tanto el yo como el mundo son solo manifestaciones y en la cual él también encuentra las manifestaciones. No le basta recibir, como el místico recibe, iluminaciones intermitentes y ocasionales de las meditaciones periódicas. Relaciona esta comprensión intelectual con su descubrimiento posterior, obtenido durante la absorción mística en el Vacío, de que la realidad de su propio yo es la Mente. De vuelta en el mundo una vez más, lo estudia nuevamente bajo esta luz adicional, confirma que el mundo múltiple consiste en última instancia de imágenes mentales, se une a su plena comprensión metafísica de que es simplemente Mente en manifestación, y así llega a comprender que es esencialmente uno con la misma Mente que experimenta en autoabsorción. Así, su insight actualiza, experimenta, esta Mente en sí misma como –y no aparte de– el mundo sensorial, mientras que el místico los divide. Con el *insight*, el sentido de unidad no destruye el sentido de diferencia, sino que ambos permanecen extrañamente presentes, mientras que con el *insight místico* común cada uno anula al otro. Las innumerables formas que componen la imagen de este mundo no desaparecerán como una característica esencial de la realidad, ni su conciencia de ellas ni su trato con ellas se verán afectados.

---

463 *Agendas,* 20-5-29.

Por lo tanto, posee una realización firme y final en la que poseerá permanentemente el insight de la pura Mente incluso en medio de las sensaciones físicas. Él ve todo en este mundo multitudinario como si fuera la Mente misma, tan fácilmente como puede ver el nada, el Vacío sin imágenes, como siendo la Mente misma, siempre que quiera apartarse en la autoabsorción. Ve tanto las caras externas de todos los individuos como las profundidades internas de su propio yo como siendo la Mente misma. Así, experimenta la unidad de toda existencia; no intermitentemente, sino en cada momento, conoce la Mente como realidad última. Esta es la realización filosófica o final. Es tan permanente como la del místico es transitoria. Sea lo que sea que haga o se abstenga de hacer, sea lo que sea que experimente o deje de experimentar, abandona todas las discriminaciones entre la realidad y la apariencia, entre la verdad y la ilusión, y deja que su insight funcione libremente mientras sus pensamientos eligen y no se aferran a nada. Experimenta el milagro del ser indiferenciado, la maravilla de la unidad indiferenciada. Las fronteras artificiales creadas por el hombre se desvanecen. Él ve a sus semejantes como inevitable e inherentemente divinos tal como son, no meramente como las criaturas mundanas que creen ser, de modo que cualquier rastro de una actitud ascética de ser "más santo que tú", desaparece completamente de él.[464]

Es un filósofo que se ha realizado plenamente, y siente continuamente, la presencia de la divinidad no solo dentro de sí mismo sino también dentro del mundo.[465]

464 *Agendas,* 28-2-154.

465 *Agendas,* 20-5-30.

Su relación con el Yo Superior es una de conciencia directa de su presencia: no como un ser separado, sino como su propia esencia.[466]

Es vivir la realización *mientras* se comporta de la manera humana perfectamente natural y es en este último sentido que un antiguo texto oriental describe al sabio como alguien que no lleva marcas distintivas en su persona.[467]

El descubrimiento de su verdadero ser no es exteriormente dramático, y durante mucho tiempo nadie puede saberlo, excepto él mismo. El mundo puede no honrarlo por ello: puede morir tan oscuro como vivió. Pero el propósito de su vida ha sido cumplido; y la voluntad de Dios ha sido hecha.[468]

Así como un hombre que ha escapado del interior de una casa en llamas y se encuentra en el fresco aire libre comprende que ha alcanzado la seguridad, así también el hombre que ha escapado de la codicia, el deseo, la ira, la ilusión, el egoísmo y la ignorancia hacia una paz exaltada y un insight inmediato, comprende que ha alcanzado el cielo.[469]

El dolor y el sufrimiento, el pecado y el mal, la enfermedad y la muerte existen solo en el mundo de los pensamientos, no en el mundo del Pensamiento puro en sí. Sin embargo, no son ilusiones, sino que son transitorios. Quien alcance el Pensamiento puro también alcanzará *en conciencia* una vida que es sin dolor, libre de tristeza, sin pecado, indestructible y eterna. Al estar

466 *Agendas,* 25-2-301.

467 *Agendas,* 25-3-378.

468 *Agendas,* 25-2-78.

469 *Agendas,* 24-4-150.

por encima de los deseos y los miedos, está necesariamente por encima de las miserias causadas por los deseos insatisfechos y los miedos realizados. Pero al mismo tiempo tendrá también una conciencia que *acompañe* a la vida en el cuerpo, que debe obedecer las leyes de su propio ser, leyes naturales que le imponen limitaciones e imperfecciones.[470]

Los efectos de la iluminación incluyen: un desapego imperturbable de posesiones externas, rangos, honores y personas; una certeza abrumadora acerca de la verdad; una paz celestial y despreocupada por encima de todas las perturbaciones y vicisitudes; una aceptación de la rectitud general de la situación universal, con cada entidad y cada evento desempeñando su papel; y una sinceridad impecable que dice lo que quiere decir, y quiere decir lo que dice.[471]

De poco sirven las explicaciones que empañan la verdad y confunden el entendimiento. Informar a un lector occidental que un individuo iluminado solo ve "Brahma" es dar a entender que no ve formas, es decir, el mundo. Pero el hecho es que *sí ve* lo que ven los individuos no iluminados –los objetos físicos y las criaturas que lo rodean– o no podría atender a la más simple necesidad o deber del que todos los humanos tienen que encargarse. Pero ve las cosas sin limitarse a su apariencia física: también conoce su realidad interior.[472]

No solo es posible alcanzar estos breves vislumbres del Yo Superior, sino también alcanzar una conciencia duradera de él. Entonces no puede ocurrir ningún cambio de este estado. El

470 *Agendas,* 10-1-78.

471 *Agendas,* 25-2-255.

472 *Agendas,* 25-2-243.

adepto descubre que su futuro no es diferente sino bastante igual a su pasado. Este es el sagrado Eterno Ahora. Solo mediante esta luz permanente es posible ver cuán mezcladas e imperfectas son todas las experiencias anteriores y transitorias.[473]

Al místico no le importará y puede no ser capaz de hacerlo, pero el filósofo tiene que aprender el arte de combinar su reconocimiento interno del Vacío con su actividad externa entre las cosas sin sentir el más mínimo conflicto entre ambos. Semejante arte es, ciertamente difícil, pero puede aprenderse con el tiempo, la paciencia y la comprensión. Así, sentirá la unidad interior en todas partes en este mundo de maravillosa variedad, de la misma manera que experimentará todas las innumerables mutaciones de la experiencia como si estuvieran presentes en el mismo centro de esta unidad.[474]

No hay interrupciones en la conciencia de su naturaleza superior. No hay pérdida de continuidad en la conciencia de su espíritu inmortal. Por lo tanto, no está iluminado en cierta hora del día y no iluminado en otra hora, ni iluminado mientras está despierto y no iluminado mientras está dormido.[475]

El sabio no se retira por la noche a la oscuridad, la ignorancia del sueño ordinario, sino a la luz de la Conciencia, la Trascendencia siempre ininterrumpida.[476]

473 *Agendas,* 22-8-12.

474 *Agendas,* 20-4-121.

475 *Agendas,* 25-2-178.

476 *Agendas,* 25-2-176.

Habrá una zona de paz a su alrededor que algunos sienten, pero otros no consiguen. Parece poner a uno completamente a gusto y liberarlo de cualquier rastro de nerviosismo.[477]

El Maestro ha encontrado su camino hacia el Yo Superior; disfruta diariamente de la bendición de su presencia; ha pasado de la mera existencia a una vida significativa, y sabe que hay paz y amor en el corazón del universo. Ahora quiere ayudar a otros a compartir los frutos de sus descubrimientos.[478]

A pesar de la superstición popular y las ilusiones, es cierto que ningún maestro puede otorgar su propia iluminación a otros como un regalo permanente. Pero ¿esto hace que su logro carezca de valor para ellos? No, porque les prueba tanto que el Yo Superior *existe* como que el individuo puede comunicarse con él. Los pocos que son más sensibles o más perceptivos obtienen más del contacto personal con él: ya sea inspiración para su búsqueda o, si son más afortunados, un vislumbre momentáneo de la meta distante.[479]

El iluminado es consciente tanto de la unidad última como de la multiplicidad inmediata del mundo. Esto es una paradoja. Pero su lugar de descanso permanente mientras trata con los demás está en el punto de intersección de la dualidad y la unidad, de modo que está listo en cualquier momento para absorber su atención en cualquiera de las dos fases.[480]

Este es el verdadero insight, la iluminación permanente que no viene ni se va, sino que siempre *está*. Si bien es serio, cuando

---

477 *Agendas,* 24-4-105.

478 *Agendas,* 25-6-22.

479 *Agendas,* 1-6-836.

480 *Agendas,* 25-2-115.

el acontecimiento o la situación lo requieren, no será solemne. Porque detrás de esta seriedad hay desapego. No puede tomar el Mundo de las Apariencias como la forma final de la Realidad. Si es partícipe de las experiencias de este mundo, también es testigo, y especialmente testigo de su propio ego: de sus actos y deseos, de sus pensamientos y palabras. Y como ve su pequeñez, conserva su sentido del humor respecto de todo lo que le concierne, un toque de ligereza, una humildad básica. Otros pueden creer que se encuentra en la Gran Luz, pero él mismo no tiene ninguna importancia personal particular o peso especial.[481]

INDIVIDUALIDAD DEL SABIO

Dios nunca se identifica con ningún hombre, ni se encarna en él. Porque solo Dios es únicamente el No-Individualizado, mientras que todos los hombres son criaturas individualizadas. Incluso el tipo más elevado de hombre, el sabio-salvador, es una luz particular, mientras que Dios es la luz misma.[482]

Hay mucha confusión en cuanto a lo que le sucede al ego cuando alcanza la meta última. Algunos creen que se desarrolla una conciencia cósmica, con una inteligencia omnisciente y un sentimiento de "estar en todas partes". Lo consideran como una unidad con todo el universo. Otros afirman que hay una completa pérdida del ego, una destrucción absoluta del yo personal. No: éstas son nociones confusas de lo que realmente ocurre. El Yo Superior no es una entidad colectiva como si estuviera compuesto por una serie de partículas. El abrazo de uno hacia otros seres humanos a través de él no es en unión con ellos sino solo en simpatía, no en identificación psíquica con ellos sino en armonía

481 *Agendas,* 20-4-205.

482 *Agendas,* 25-1-170.

psíquica. Ha ampliado el área de su visión y se ve a sí mismo como una parte de la humanidad. Pero esto no significa que se haya vuelto consciente de toda la humanidad como si fuera él mismo. La verdadera unidad es con el propio yo más elevado e indestructible. Y, sin embargo, con una individualidad más elevada, no cósmica, y es todavía con uno mismo, no con el resto de la humanidad. La unidad con ellos no es ni mística ni prácticamente posible. Lo que descubrimos se descubre mediante una profundización de la conciencia, no mediante una ampliación de la misma. Por lo tanto, lo que primero hay que encontrar no es tanto un yo más amplio sino un yo más profundo.

Con la rectificación de este error, podemos encontrar la respuesta correcta a la pregunta: "¿Cuál es el significado práctico del mandato dado por todos los grandes maestros espirituales a sus seguidores, de abandonar al ego, de renunciar al yo?" No requiere un sentimentalismo tonto, en el sentido de que debemos ser como plastilina en manos de todos los demás hombres. No exige una imposibilidad total, en el sentido de que nunca debemos atender a nuestros propios asuntos en absoluto. No exige algo absurdo e inútil, en el sentido de que debamos olvidarnos de nuestra propia existencia. Por el contrario, exige lo que es sabio, practicable y valioso: que renunciemos a nuestra personalidad inferior en favor de nuestra individualidad superior.

Así pues, no se le pide al aspirante que abandone todo pensamiento sobre su yo particular (como si pudiera hacerlo) o que pierda la conciencia de él, sino que se le pide que perciba su imperfección, su insatisfacción, sus defectos, su bajeza y su pecaminosidad y, como consecuencia de esta percepción, que lo abandone en favor de su yo superior, con su perfección, bienaventuranza, bondad, nobleza y sabiduría. Porque en el ego inferior nunca conocerá la paz, mientras que en el más divino siempre la conocerá.[483]

¿Se pierde totalmente el ego, se destruye por completo en esta realización? Solo puedo decir que ninguno de nuestros conceptos habituales se ajusta al resultado real, que es difícil de describir, y que la sugestión debe reemplazar aquí a la descripción. Porque el ego y el Yo Superior se fusionan y se unen, pero la unión no destruye la capacidad del ego de expresarse o de ser activo en el mundo. Su propia aniquilación es una experiencia transitoria durante el estado contemplativo. Su reanudación de la vida mundana mientras se establece permanentemente en perfecta armonía con –y en obediencia a– el Yo Superior divino es la meta ulterior y final.[484]

Cuando se dice que perdemos nuestra individualidad al entrar en Nirvana, se están usando las palabras de manera suelta y defectuosa. Mientras un hombre, ya sea Buda o Hitler, tenga que caminar, comer y trabajar, debe usar su individualidad. Lo que pierde el sabio es su *apego* a la individualidad con sus deseos, odios, iras y pasiones.[485]

Cuando uno ha silenciado sus deseos y aquietado sus pensamientos, cuando ha dejado a un lado su propia voluntad y su propio ego, se convierte en un canal libre a través del cual la Mente Divina puede fluir hacia su propia conciencia. Ningún sentimiento malo puede entrar en su corazón, ningún pensamiento

483 *Agendas,* 22-3-108.

484 *Agendas,* 8-1-207.

485 *Agendas,* 25-2-190.

malo puede cruzar su mente, y ni siquiera la nueva consecuencia de una antigua mala acción puede afectar su serenidad.[486]

A pesar de todo el elevado discurso idealista de unidad, hermandad y ausencia de ego, cada uno de nosotros sigue siendo un individuo, todavía tiene que habitar en un cuerpo propio, usar una mente propia y experimentar sentimientos propios. Olvidar esto es practicar el autoengaño. Cada uno llegará a Dios al final, pero lo hará como una persona purificada, transformada y completamente cambiada, vivida y usada por Dios tal como él mismo vivirá y será consciente de la presencia de Dios.[487]

Las diferencias entre los seres humanos aún subsisten después de la iluminación. Las variaciones que hacen de cada uno un ejemplar único y el individuo que es, siguen existiendo. Pero la Unidad que está detrás de los seres humanos las contrarresta poderosamente.[488]

Para el individuo que se encuentra en esa conciencia elevada e identificado con ella, el ego es simplemente un canal abierto a través del cual su ser puede fluir hacia el mundo del tiempo y del espacio. No es él mismo, como lo es para el individuo no iluminado, sino un adjunto a sí mismo, obedeciendo y expresando su voluntad.[489]

Devuelve el ego al Yo Superior y entonces el Yo Superior lo usará como debe ser usado: en armonía con las leyes cósmicas del ser. Esto

486 *Agendas,* 20-5-48.

487 *Agendas,* 1-3-97.

488 *Agendas,* 25-2-189.

489 *Agendas,* 8-1-210.

significa que el bienestar de todos los demás que estén en contacto con el ego será considerado, así como los propios del ego.[490]

CONOCIMIENTO DEL SABIO

A partir del momento en que uno comprende los problemas humanos con la sabiduría del Yo Superior, su pensamiento se iluminará, por así decirlo, desde dentro. Comprenderá claramente el significado interno de cada problema que se le presente.[491]

Una de las características más importantes de la iluminación es la claridad que da a la mente, la lucidez de compresión y luminosidad que rodea todos los problemas.[492]

Mirará la experiencia desde un nuevo centro. Verá todas las cosas y criaturas no solo como son en la tierra, sino también como son "en el cielo."[493]

No pretende ser una enciclopedia ambulante ni pide un halo de infalibilidad. Hay muchas preguntas para las que no conoce las verdaderas respuestas. No es ni pontificiamente infalible ni deíficamente omnisciente. Lo que el maestro filosófico busca establecer son los principios básicos en los que debe terminar toda verdadera búsqueda.[494]

Hay cierta confusión sobre este punto en la mente de muchos estudiantes. Al alcanzar la iluminación, un individuo no alcanza

490 *Agendas,* 22-2-49.

491 *Agendas,* 20-5-19.

492 *Agendas,* 25-2-277.

493 *Agendas,* 20-5-114.

494 *Agendas,* 20-4-291.

la omnisciencia. En el mejor de los casos, puede recibir una revelación de las operaciones internas de la vida y de la Naturaleza, de las leyes superiores que gobiernan la vida y al ser humano. Es decir, también puede convertirse en un vidente y encontrar una cosmogonía presentada ante su mirada. Pero la realidad en la mayoría de los casos es que alcanza solo la iluminación, no la videncia cosmogónica.[495]

Cuando una persona ha llegado a esta etapa, donde su voluntad y su vida están entregadas y su mente y su corazón están conscientes de las presencias divinas, aprende que es sabiduría práctica no decidir su futuro de antemano, sino más bien dejar que crezca por sí mismo como el maíz a partir de la semilla.[496]

Cuando finalmente llegamos a percibir que todo este vasto universo es una forma de pensamiento y cuando podemos sentir que nuestra propia fuente es el principio único y supremo en y a través del cual surge, entonces nuestro conocimiento se ha vuelto definitivo y perfecto.[497]

COMPASIÓN DEL SABIO

Es un estado de exquisita ternura, de amor que brota de un centro interior y se irradia hacia el exterior en todas direcciones. Si otros seres humanos o criaturas animales entran en contacto en ese momento, se convierten en recipientes de este amor sin excepción. Porque entonces no se reconocen enemigos, no se desagrada a nadie, y no es posible considerar a nadie como repulsivo.[498]

495 *Agendas,* 25-2-108.

496 *Agendas,* 18-4-188.

497 *Agendas,* 21-5-178.

498 *Agendas,* 22-6-83.

Uno de los frutos del cambio será que, así como la antigua idea consiste en velar egoístamente por sus propios intereses, la nueva idea será no separarlos de los intereses de los demás. Si se pregunta: "¿cómo puede alguien que está sintonizado con tal impersonalidad ser también benevolente?" la respuesta es que, puesto que también está en sintonía con el verdadero Dador de todas las cosas, no necesita luchar contra nadie ni poseer nada. Por lo tanto, puede permitirse el lujo de ser generoso, algo que no puede hacer el egoísta. Y puesto que la naturaleza misma del Yo Superior es armonía y amor, busca el bienestar de los demás junto con el suyo propio.[499]

El estado de no-dualidad es un estado de intensa paz y equilibrio perfecto. Es tan pacífico porque todo se ve como si perteneciera al orden eterno de la evolución cósmica; por lo tanto, todo es aceptado, todo reconciliado.[500]

Quienquiera que entre en esta realización se convierte en un sol humano que derrama iluminación, irradia fuerza y emana amor a todos los seres.[501]

Si se mantiene en una relación correcta con su Yo Superior, inevitablemente se mantendrá en una relación correcta con todo y con todos los demás.[502]

Él acepta a las personas tal como las encuentra y los acontecimientos tal como ocurren. No expresa externamente ningún deseo de que sean diferentes de lo que son. Hay, al menos, dos

499 *Agendas,* 6-1-387.

500 *Agendas,* 25-2-124.

501 *Agendas,* 25-3-146.

502 *Agendas,* 23-1-174.

razones para esta actitud. En primer lugar, sabe que el pensamiento divino del universo contiene la idea de la evolución. Por eso, cree que, por muy adversas que sean las personas, un día serán mejores; por muy desfavorables que sean las circunstancias, la sabiduría divina las ha traído. En segundo lugar, sabe que si quiere mantener una paz inalterable dentro de él, no debe permitir que nada exterior la perturbe. Puesto que considera la vida exterior tan efímera como un sueño, se reconcilia con todo, no se rebela contra nada.[503]

El sabio no puede condenar a nadie, no puede considerar a nadie fuera de su alcance de compasión, y puede encontrar un lugar en su corazón para el peor pecador. Sabe que la dualidad es nada más que un sueño y se descubre a sí mismo de nuevo en todas las criaturas sintientes. Sabe que la aflicción del mundo surge de su falso y ficticio sentido de separatividad.[504]

El sabio ha conquistado la separatividad en su mente y ha realizado el TODO como él mismo. La consecuencia lógica es tremenda. De ello se deduce que no hay liberación del ciclo de nacimientos y renacimientos para el sabio; tiene que pasar por eso como los demás. Por supuesto, lo hace con total comprensión, mientras que los demás están sumidos en la oscuridad. Pero si se identifica con el Todo, entonces no puede desertar, sino que debe continuar hasta el final, trabajando por la liberación de los demás a su vez. Esta es su crucifixión, siendo capaz de salvar a otros, no puede salvarse a sí mismo. «Y se cumplió la Escritura, que dice: "Y fue contado con los transgresores."» ¿Por qué? Porque la compasión lo gobierna, no el ego. Es probable que nadie desee tal meta (hasta que, de hecho, esté casi listo para

503 *Agendas,* 20-5-115.

504 *Agendas,* 25-3-288.

ello) así que generalmente se mantiene en secreto o simbolizado. Nuevamente: "Porque ésta es mi sangre de la nueva alianza, que por muchos es derramada, para la remisión de los pecados."[505]

ACCIÓN DEL SABIO

Él da a cada momento lo mejor que tiene en él, y así, vivir momento a momento se convierte en una gloriosa aventura.[506]

"En acarrear agua y cortar leña: ahí está el maravilloso Tao." Esta antigua frase china es una manera sutil e inteligente de decir que no solo en la meditación se debe buscar el vislumbre, sino también en el trabajo y la vida del mundo se debe encontrar y mantener. Tal es el estado último, este vacío de la mente en medio de la actividad del cuerpo. Es posible solo mediante el conocimiento, el inolvidable reconocimiento y la comprensión de que dentro de este vacío se encuentra el Tao.[507]

Él entiende entonces lo que significa no hacer nada por sí mismo, pues siente claramente que el poder superior está haciendo a través de él todo lo que debe hacerse, lo está haciendo correctamente, mientras que él mismo simplemente está observando lo que está sucediendo.[508]

Su comportamiento es espontáneo, pero no por mero impulso ni por intelecto no utilizado. Es la espontaneidad, la franqueza de un individuo inspirado que sabe adónde va y lo que hace,

505 *Agendas,* 25-4-42.

506 *Agendas,* 23-5-211.

507 *Agendas,* 22-8-84.

508 *Agendas,* 25-2-257.

quien es guiado directamente en sus relaciones con otros individuos por una voluntad superior a la de su propio ego.[509]

Aquel que conoce y siente el poder divino en su ser más íntimo será liberado, en el sentido más literal de la palabra, de ansiedades y preocupaciones. Quien aún no ha llegado a esta etapa, pero está en camino de alcanzarla, puede acercarse al mismo resultado deseable por la intensidad de su fe en ese ser. Pero esa persona debe tener fe realmente y no solamente decirlo. La prueba de que la posee radicará en la medida en que se niegue a aceptar pensamientos negativos, pensamientos temerosos, pensamientos desalentadores. En la medida en que no falle en su fe y, por lo tanto, en su pensamiento, en esa medida, el poder superior no dejará de apoyarlo en su hora de necesidad. Por eso Jesús dijo a sus discípulos: "No os preocupéis por el día de mañana." En el caso del adepto, habiendo renunciado al ego, no queda nadie para cuidar de él, así que el Yo superior lo hace por él. En el caso del creyente, aunque todavía no ha renunciado al ego, sin embargo, está tratando de hacerlo, y su confianza inquebrantable en el Yo superior es recompensada proporcionalmente de la misma manera. En ambos casos, la frase bíblica, "el Señor proveerá," no es meramente una esperanza piadosa, sino un hecho práctico.[510]

Si realmente ha entregado su vida al poder superior, entonces no necesita fruncir el ceño tratando de elaborar sus propios planes. Puede esperar ya sea por el impulso interno que lo dirija o por nuevas circunstancias que guíen sus acciones.[511]

509 *Agendas,* 22-2-51.

510 *Agendas,* 20-3-97.

511 *Agendas,* 18-4-173.

Las acciones de una persona que ha alcanzado este grado están inspiradas directamente por su Yo Superior, y en consecuencia, no están dictadas por deseos, propósitos, pasiones o anhelos personales. No son iniciadas por la voluntad de su ego, sino por una voluntad superior a la suya.

Puesto que no hay un pensamiento deliberado consciente, ni un intento de formulación lógica y ordenada de ideas, tampoco hay vacilación, ni tendencias interrumpidas. Solo hay pensamiento, sentimiento y acción espontáneos, todos dirigidos por la intuición.[512]

Quienquiera que actúe volviéndose tan maleable como para permitir que el Yo superior controle su voluntad personal, necesariamente debe desapegarse interiormente de las consecuencias personales de sus actos. Esto será cierto sean esas consecuencias agradables o desagradables. Tal desapego lo libera del poder del karma, que ya no puede atraparlo en su red, pues "él" no está allí. Su conciencia emocional que precede a una acción siempre está iluminada y se caracteriza por una compostura sublime, mientras que la del hombre no iluminado puede caracterizarse por motivaciones de deseo egoísta, ambición, miedo, esperanza, codicia, pasión, desagrado o incluso odio, todas las cuales son generadoras de karma.[513]

No existe un patrón único que deba seguir una vida guiada intuitivamente. A veces, verá en un destello de insight, tanto el curso como el destino, pero en otras ocasiones solo verá el siguiente paso que tiene por delante y tendrá que mantener la mente abierta tanto en lo que respecta al segundo paso como al destino final.[514]

512 *Agendas,* 25-2-88.

513 *Agendas,* 24-3-280.

514 *Agendas,* 22-1-261.

Lo que tiene que hacer en el mundo como ser humano, de ahora en adelante, no lo hará realmente su yo personal habitual, sino la Presencia que, aunque sin forma y silenciosa, es la esencia vital viviente de lo que lo conecta con Dios. Si esto parece privarlo de los atributos que hacen que un hombre sea *hombre*, solo puedo responder que estamos nuevamente ante la Esfinge. Sí, el enigma es grande; pero la comprensión y la experiencia realizadas son inconmensurablemente mayores en su bienaventuranza.[515]

Cuando el ego es desplazado y el Yo superior lo está usando, no habrá necesidad ni libertad de elegir entre dos alternativas en lo que se refiere a las acciones. Solo un único curso se presentará, directa e inquebrantablemente, como el correcto.[516]

AD INFINITUM

Su búsqueda *de* Dios ha llegado a su fin, pero su búsqueda *en* Dios comenzará ahora su curso. De ahora en adelante su vida, experiencia y conciencia están envueltas en misterio.[517]

---

515 *Agendas,* 25-2-206.

516 *Agendas,* 22-2-53.

517 *Agendas,* 23-4-54.

APÉNDICE

LOS CAMINOS LARGO Y CORTO

SEGÚN LO DICTADO POR PAUL BRUNTON A JEFF COX DURANTE UNA VISITA EN 1975

UNA TARDE, Paul Brunton y yo estábamos sentados en su colorida sala de estar en Suiza charlando sobre varios temas. Después de lo que pareció una larga pausa en la conversación, me preguntó si conocía el Camino Corto hacia la iluminación. Hasta ese momento, me había familiarizado mucho con el camino de la purificación y estaba tratando de comprender las enseñanzas, pero no había oído, hasta entonces, que hubiera un camino más corto para lograr la tan necesaria transformación personal. Cuando comenzó a describir el Camino Corto, rápidamente tomé mi lápiz y mi cuaderno y escribí mientras él hablaba la siguiente enseñanza.

Antes, en los libros, PB tenía que presentar a la gente la Búsqueda y los preparativos para los dos caminos; pero ahora las personas están listas para escuchar acerca de los dos caminos: el largo y el corto.

San Bernardo expresó así el largo camino:

Desprecia el mundo (pues es insatisfactorio).
Despréciate a ti mismo (pues también es insatisfactorio).
Despréciate a ti mismo porque te desprecias a ti mismo (pues incluso despreciarte a ti mismo es darle al ego una atención y preocupación indebida).

Este es el final del Camino Largo. En este punto, uno debe volver hacia el camino positivo que es el Camino Corto:

Glorifica al mundo (pues es una emanación de Brahma).
Glorifícate a ti mismo.
Glorifícate a ti mismo porque te glorificas a ti mismo.

En lugar de preocuparse por el ego y sus desarrollos, sus altibajos, deberías dar un giro de 180 grados y enfrentar el sol que es el Yo superior. El ego es como un remolino, un vórtice de pensamientos, y es la fuerza de nuestro apego lo que lo mantiene unido. El ego se perpetúa en el Camino Largo, el cual no te llevará a la iluminación. En el Camino Largo estás siempre midiendo tu propio progreso. El Camino Largo es interminable porque las nuevas circunstancias traen nuevas tentaciones, nuevos problemas con los que lidiar, y no importa cuán espiritual se vuelva el ego, no entra en la luz, sino que permanece en lo gris. En el Camino Largo, se deben tratar las oleadas de interferencia que surgen del yo inferior y la negatividad que ingresa del entorno. Esto requiere el desarrollo del carácter.

En el Camino Corto uno ignora la negatividad y da un giro de 180 grados, desde el ego hacia el Yo Superior: las cosas se volverán cada vez más brillantes. El Camino Corto te establecerá cada vez más en paz. El trabajo del Camino Largo finalmente trae la gracia que luego te pone en el Camino Corto. El Camino Corto es más corto en el tiempo porque te das la vuelta y enfrentas a tu meta directamente. Debido a las presiones de estos tiempos, se recomienda que ambos caminos se hagan juntos (en lugar de únicamente el largo) para ayudar a sortear los obstáculos.

La parábola de la caverna en Platón es análoga al Camino Corto y Camino Largo. En el Camino Largo, sales de la caverna, pero sigues mirando hacia dentro, hacia la oscuridad del ego. En el Camino Corto, caminas hacia adelante, hacia la entrada de la caverna donde está la luz, el Yo Superior.

Hay dos ejercicios sugeridos para el Camino Corto: uno llamado el ejercicio del recuerdo, y el otro, el ejercicio "Como si". El Camino Corto comienza con el esfuerzo de recordar al Yo Superior. El ejercicio del recuerdo se superpone al ejercicio del "Como si" y es una práctica preparatoria necesaria antes de que se pueda aprender el "Como si". El ejercicio de recordar se menciona cerca del final de *La Sabiduría del Yo Superior*. Es como una madre que ha perdido a su bebé y no importa lo que esté haciendo, no puede olvidarse del niño. Cuando estás activo, el recuerdo debe mantenerse en la parte posterior de la mente, y cuando tienes tiempo libre, debe pasar a primer plano. Al principio, requiere esfuerzo como cualquier otra práctica, pero con el tiempo, continuará por su propia cuenta. Un peligro del ejercicio del recuerdo es que puede volverse automático demasiado pronto y, por lo tanto, volverse solo algo vacío y mecánico. El recuerdo debe ser algo cálido, sentido y vivo, si no se quiere perder el espíritu del ejercicio. Al volverse hacia el Yo Superior, la gracia puede operar con mayor facilidad en todos los asuntos.

El ejercicio "Como si" requiere que uno sienta, actúe y piense todo como imagina que lo haría el Yo Superior. No es solo un ejercicio mental, sino que involucra el sentimiento, la actividad física y la imaginación. El Yo Superior se pone en contacto con usted, principalmente, a través del sentimiento intuitivo, pero también a través de pensamientos y acciones intuitivas. Las acciones que se realizan sin calcular y que más tarde demuestran haber sido correctas son acciones que surgen de una fuente distinta del ego. Al principio, el ejercicio es imaginativo, pero de vez en cuando se obtienen breves vislumbres que se irán prolongando y que no son imaginativos, sino reales. A medida en que aparecen estos vislumbres del Yo Superior, uno debe abrirse a ellos, ser pasivo y receptivo, debe entregarse a ellos y prolongarlos. Este ejercicio debe ir acompañado del estudio de la naturaleza del Yo Superior, de modo que pueda saber algo de cómo es el Yo Superior y qué es lo que está tratando de hacer. Sin embargo, el Yo Superior es verdaderamente inefable y nunca puede ser captado por ningún medio secundario.

GLOSARIO

Advaita Vedanta: El aprecio por las enseñanzas del Hinduismo y su máxima expresión, el Advaita, está aumentando en Occidente. Y, gracias a T.M.P. Mahadevan, discípulo fiel, competente y brillante de Su Santidad [Shankaracharya de Kamakoti], está siendo expuesto a través de libros y artículos con gran precisión y autoridad.[518]

Atman: Todos los que han investigado la antigua sabiduría India tienen la desventaja inconsciente de haber utilizado una de sus palabras claves, *Atman*, invariablemente en los términos de nuestro término Europeo "Yo." Todo erudito en Sánscrito que promueve sus textos en alguna universidad Occidental, así como todo maestro Indio que los estudia con su alumno extranjero, traduce esta palabra exactamente de la misma manera. El término se usa actualmente en la India, en el sentido del yo, pero la concepción de yo a la que se aplica no tiene comparación con ese principio de vida individual al que se refiere nuestro uso occidental de la palabra. Es una desgracia que, al no haber un equivalente de *Atman* entre las palabras en inglés, nuestros eruditos hayan tomado perezosamente lo más

518 *Agendas*, 15-1-19.

cercano en lugar de tomarse la molestia de acuñar un término apropiado, como los científicos acuñan nuevos términos cada año para ajustarse a sus nuevos descubrimientos. Pues la implicación completa de *Atman* es totalmente ultra-individual y de ninguna manera proporcional con el yo tal como usamos el término. La consecuencia de esta mala traducción ha sido una inmensa barrera para la comprensión correcta entre todos los Occidentales que han tratado con esta doctrina.[519]

Autoabsorción: La filosofía se alinea con el misticismo en cuanto a este objetivo de alcanzar la más profunda autoabsorción interior a través de la meditación, pero se mantiene al margen del misticismo en cuanto a cuestiones racionales, morales, prácticas y sociales. Una evaluación correcta del misticismo solo puede formarse examinando su ideología en el contexto más amplio de la doctrina filosófica.[520]

Brahma: Los Indios han escrito la afirmación filosófica más importante de todas –"Todo es Brahma"– que he transpuesto, posiblemente para su desagrado, como "Todo es Mente." Pero no se puede seguir repitiéndolo todo el tiempo. Hay otras afirmaciones que es necesario hacer, menos importantes pero aún muy pertinentes para nosotros que tenemos que vivir en el siglo XX.[521]

Gnana Yoga: El filósofo será un *karma yogui* en la medida en que trabaje incesantemente al servicio de la humanidad y trabaje, además, con un espíritu desinteresado. Será un *bhakti yogui* en la medida en que busque amorosamente sentir la constante

519 *Agendas*, 15-2-278.

520 *Agendas*, 20-4-38.

521 *Agendas*, 12-2-14.

presencia de lo Divino. Será un raja yogui en la medida en que mantenga su mente libre de las ataduras del mundo, pero atada a la tarea sagrada que ha emprendido. Será un *gnana yogi* en la medida en que aplique su poder reflexivo y de razonamiento a una comprensión metafísica del mundo.[522]

Idea-del-Mundo: La Idea-del-Mundo contiene el patrón, la intención, la dirección y el propósito del cosmos en un único pensamiento unificado de la Mente-del-Mundo. La comprensión humana es demasiado limitada y finita para comprender cómo es posible esta milagrosa simultaneidad.[523]

Ishvara: El objeto más elevado de adoración, devoción y reverencia –lo que los hindúes llaman Bhakti– es aquello que se le da a la Mente-del-Mundo –lo que los hindúes llaman Ishvara. Pero recuerda siempre que estás presente dentro de Ella y Ella está siempre presente dentro de ti. Así que la fuente de la gracia también está en ti. Silencia el ego, quédate quieto y vislumbra el hecho de que la gracia es la respuesta a la devoción que llega lo suficientemente profundo como para acercarse a la quietud, es suficientemente sincera como para dejar el ego a un lado. La ayuda no está más lejos que tu propio corazón. ¡Ten esperanza![524]

Maya: El mundo existe, estamos rodeados por él, y generalmente aplicamos el término a algo que no existe. Sería más correcto traducir el término *Maya* no como "irreal" sino como "no es lo que pensamos que es." No debemos negar la existencia del

522 *Agendas*, 20-5-18.

523 *Agendas*, 26-1-87.

524 *Agendas*, 18-5-234.

mundo –eso sería una locura– sino que debemos tratar de llegar a una correcta comprensión de su naturaleza oculta.[525]

Mente: Ha habido mucha fricción y conflicto entre las diferentes religiones debido a esta idea: si Dios es personal o impersonal; tanta persecución, incluso odio, tan innecesariamente. Digo innecesariamente porque la diferencia entre las dos concepciones es solo aparente. La Mente es la fuente de todo; ésta es la Mente inactiva. La Mente como Mente-del-Mundo-en-manifestación es el Dios personal. Entre esencia y manifestación, la única diferencia es que la esencia está oculta y la manifestación es conocida. La Mente-del-Mundo es personal (en el sentido de ser lo que los Hindúes llaman "Ishvara"); la Mente es totalmente impersonal. Básicamente, las dos son una.[526]

Mente-del-Mundo: La Mente-del-Mundo da existencia a nuestro universo y también lo gobierna. La enorme cantidad de objetos y criaturas que aparecen por Su intermedio, mediante Su poder y sabiduría, no puede limitarse a lo que es visible únicamente, y debe llenar a una persona pensante con asombro ante todas las posibilidades: un asombro que, según Platón, debe ser el comienzo de la filosofía.[527]

Nirvikalpa Samadhi: Se dice que en *nirvikalpa samadhi* el tiempo se detiene. Obviamente esto solo puede suceder cuando el ego se paraliza temporalmente. Ramana Maharshi solía decir que el ego no es más que un manojo de pensamientos y no existe por sí mismo como una entidad separada. Nirvikalpa, al ser el estado libre de pensamientos e implicar la suspensión del

525 *Agendas*, 19-1-26.

526 *Agendas*, 27-3-56.

527 *Agendas*, 27-2-2.

movimiento del pensamiento, es por lo tanto la suspensión del movimiento del tiempo en la conciencia del ego.[528]

Sahaja Samadhi: *Sahaja samadhi* es la conciencia de la Conciencia, ya sea que aparezca como pensamientos o no, ya sea que esté acompañada por actividades corporales o no. Pero *nirvikalpa samadhi* es únicamente la conciencia de la Conciencia.[529]

Savikalpa Samadhi: Sin embargo, es raro que el pensamiento se detenga por completo, ya que ese estado es equivalente a lo que los Hindúes llaman *nirvikalpa samadhi*. Ellos tienen otro estado, no tan avanzado, que llaman *savikalpa samadhi*, en el que los pensamientos subsisten dentro de la experiencia mística y el pensamiento continúa, pero está sostenido, por así decirlo, por la experiencia superior.[530]

Yo Superior: Ese elemento en su conciencia que le permite comprender que existe, que le hace pronunciar las palabras "Yo Soy," es el elemento espiritual, aquí llamado Yo Superior. Es realmente su yo básico, pues las tres actividades de pensar, sentir y querer se derivan de él, son ondas que se propagan desde él, son atributos y funciones que le pertenecen. Pero tal como pensamos, sentimos y actuamos ordinariamente, estas actividades no expresan el Yo Superior porque están bajo el control de una entidad diferente, el ego personal.[531]

---

528 *Agendas*, 8-4-470.

529 *Agendas*, 25-2-140.

530 Extraído de *Agendas*, 8-1-221.

531 *Agendas*, 8-1-1.

LAS OBRAS COMPLETAS DE PAUL BRUNTON

Primeras Publicaciones

*La India Secreta**
*El Sendero Secreto**
*El Egipto Secreto**
*Un Mensaje desde Arunachala**
*Una Ermita en los Himalayas**
*La Búsqueda del Yo Superior**
*La Realidad Interior (Descubre Tu Propio Ser)**
Filosofía India y Cultura Moderna
*Más Allá del Yoga**
*La Sabiduría del Yo Superior**
*La Crisis Espiritual del Hombre**

PUBLICACIONES PÓSTUMAS

Las agendas de Paul Brunton

*Volumen 1: Perspectivas**
*Volumen 2: La búsqueda**
*Volumen 3: Prácticas para la búsqueda; la distensión y el retiro**
Volumen 4: La meditación; el cuerpo
Volumen 5: Las emociones y la ética; el intelecto
Volumen 6: El ego; del nacimiento a la reencarnación

Volumen 7: La cura del yo; los negativos
Volumen 8: Reflexiones sobre mi vida y escritos
Volumen 9: La experiencia humana; las artes en la cultura
Volumen 10: El oriente
Volumen 11: Los sensitivos
Volumen 12: El impulso religioso; la vida reverencial
Volumen 13: Relatividad, filosofía y mente
Volumen 14: Inspiración y el yo superior
Volumen 15: Contemplación avanzada; la paz dentro de ti
Volumen 16: La mente iluminada, la mente divina

Instrucciones para la vida espiritual
Paul Brunton: lecturas esenciales
Meditaciones para personas con altos cargos
Meditaciones para personas en crisis
¿Qué es el karma?
El don de la Gracia
El Corto Camino hacia la iluminación

* *Libros publicados en español por Kier, Argentina.*

Para más información sobre las obras de Paul Brunton
www.paulbrunton.org (Inglés)
https://paulbrunton.com.br/es/ (Español)
YouTube: PaulBruntonOfficial (Inglés/Portugués/Español)

ÍNDICE

El Corto Camino hacia la iluminación
compuesto con tipos Montserrat
en créditos y portadillas, y DGP
en el resto de las tripas,
maquetado bajo el cuidado de Daniel Vera,
y Raúl Alonso como editor de mesa de la obra,
se terminó de imprimir
el 30 de enero de 2025.
Ese mismo día de 1500 el navegante español
Vicente Yáñez Pinzón fue el primer europeo
que avistó la desembocadura del río Amazonas,
según el relato histórico oficial.

LAUS DEO

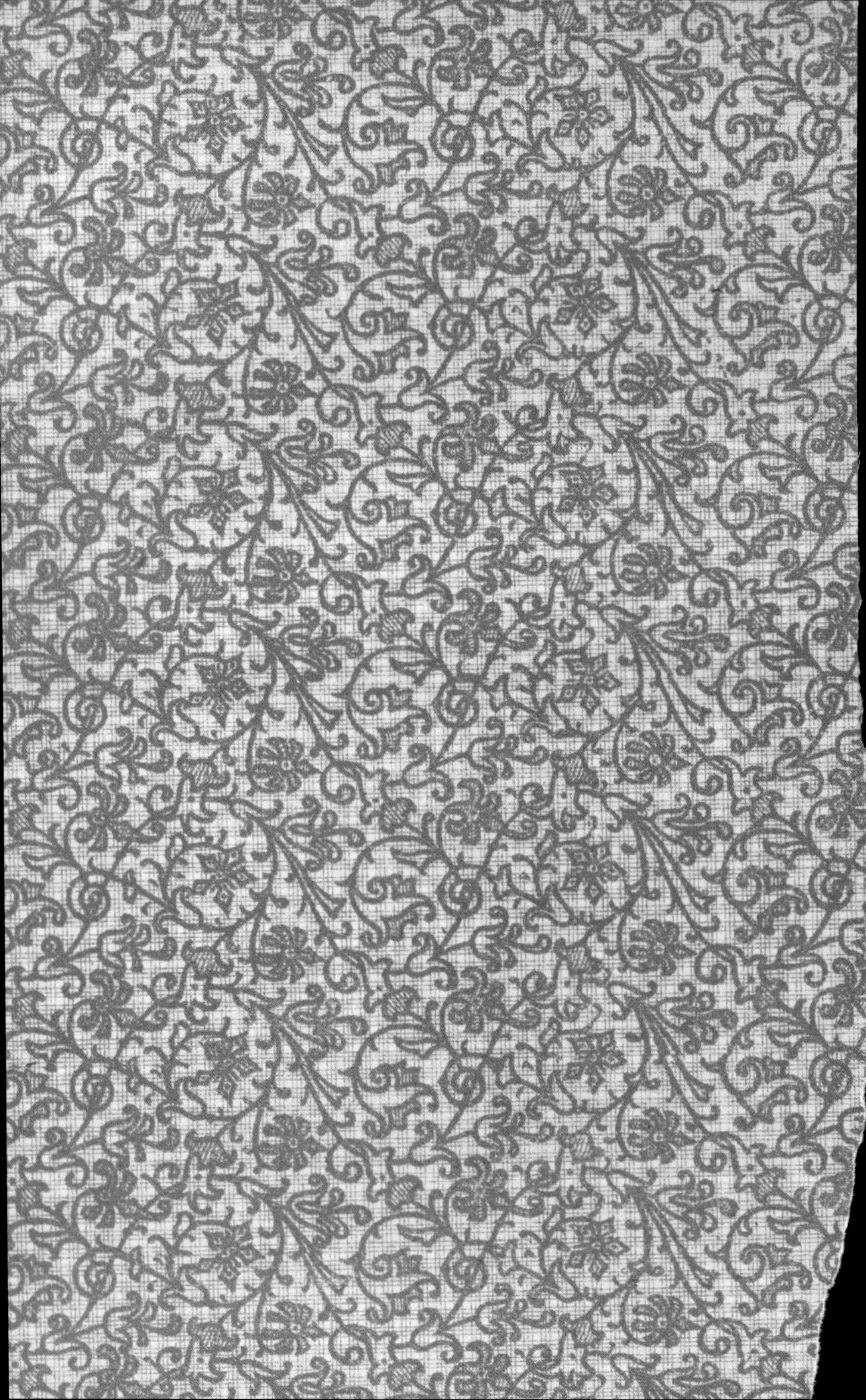